Mit unruhigem Herzen sammelt PeterLicht Augenblicke unserer Gegenwart. Am Beginn des dritten Jahrtausends zeichnet, schreibt und singt er vom Kapitalismus, der Liebe und dem absoluten Glück.

»**Das absolute Glück**
als der allerletzte Mensch
am Rand zu stehn
wo die Welt eine Scheibe ist«

»Wunderbarer Unsinn, eine fröhliche Apokalypse ... Grandiose Literatur.«
Klaus Nüchtern, Juror des Ingeborg-Bachmann-Wettbewerbes

»Dieser Autor hat eine große Zartheit ... Komik und Schmerz, Irrsinn und Hysterie.«
Ijoma Mangold, Juror des Ingeborg-Bachmann-Wettbewerbes

PeterLicht wurde im letzten Drittel des 20. Jahrhunderts in Deutschland geboren. Seine Kunst bewegt sich zwischen Text, Musik, Pop, Kunst, sozialer Skulptur, Kapitalismus und Schnäppchenmarkt, »wobei am Ende was rauskommen soll, was vielleicht schön ist«.
Sein Song Sonnendeck avancierte 2001 zum Underground-Sommerhit. 2006 erschienen sein drittes Musikalbum Lieder vom Ende des Kapitalismus und sein erstes Buch Wir werden siegen! Buch vom Ende des Kapitalismus.
Mehr zum Autor unter: www.peterlicht.de

PeterLicht

Wir werden siegen!

Buch vom Ende des Kapitalismus

Fischer Taschenbuch Verlag

Veröffentlicht im Fischer Taschenbuch Verlag,
einem Unternehmen der S. Fischer Verlag GmbH,
Frankfurt am Main, April 2008

Lizenzausgabe mit freundlicher Genehmigung
des Blumenbar Verlages, München
© by Blumenbar Verlag, München 2006

ILLUSTRATIONEN: © by PeterLicht
KONZEPT: PeterLicht + S. E. Struck
LAYOUT, TYPOGRAFIE + SATZ: dieSachbearbeiter.*innen* / Chrish Klose
DRUCK + BINDUNG: CLAUSEN & BOSSE, LECK

Printed in Germany
ISBN 978-3-596-18023-3

Unsere Adresse im Internet: www.fischerverlage.de

Unruhig ist unser Herz

Augustinus

Der Beginn des dritten Jahrtausends

Das dritte Jahrtausend begann damit, daß ich vergeblich meine Unterhose suchte.
Gegen 16:00 Uhr trank ich eine Tasse Rost. Er war heiß und verursachte einen staubigen Pelz an den Häuten meiner Mundhöhle. Der Pelz musste in kurzen Abständen genässt werden mit einem weiteren Schluck, damit er nicht zu brennen begann. Ich setzte mich nieder und las: If you are bored, then you are criticizing the system. Draußen vor dem Fenster zogen die Großstadtgiraffen vorbei (Großstadtgiraffen mit Bestuhlung an den Beinen). Ich dachte: Kappe nähen aus frischen dünnen Rindfleischlappen und aufsetzen (das hier macht lalala und versendet sich).

―――

wir tragen die Hosen untergegangener Staaten

―――

es wuchsen aus meinem Kopf Flusen

―――

Gestern bei der Arbeit
hatte ich einen Arbeitsunfall
ich schlief ein am Bildschirm
ich schlief und quetschte mir das Brustbein ein
Man darf das nicht
man darf nicht im Sitzen schlafen
ich muß mit dem Geschäftsführer sprechen
wir brauchen Matratzen

―――

Vieles ist super/katastrophal
Vieles ist nur mittelsuper/mittelkatastrophal
viele Sachverhalte
das stimmt mich mittelglücklich
oder zumindest nur ein Drittel unglücklich
dadadadadadaaaaaaa

und es gibt Autos und Gebäude

Momentaner Zustand
gedankliche Anwesenheit am Ural
oder an anderen Flüssen

Sprich nicht über die Haare anderer Menschen

IM BÜRO:
1. Frauen führen Gespräche über die Frage, ob sie Spinnen töten, die sie an Wänden sehn
2. Hände wärmen am Bildschirm durch Handauflegen
3. diesen Ablauf hinkriegen, den wir Ablauf nennen
4. Frauen führen Gespräche über die Frage, ob sie die Spinnen doch nicht töten, sondern rauslassen auf einem DIN-A4-Blatt

---

Der heterosexuelle Held betritt das Büro
und fährt den Rechner hoch

Am nächsten Sonntag ist Europawahl. Ich werde England wählen

―――――――――――

Die großen Platanen vor dem Fenster sind nass vom Regen. Matt blau schwarz triefend; die Stämme wie Seehunde

―――――――――――
―――――――――――

Der Arbeitgeber kommt zur Tür
herein und liegt mir schluchzend in den Armen.
Alles sei so schwierig.

―――――――――――

Humor ist, wenn man trotzdem nicht lacht
(obwohls vielleicht tatsächlich lustig war)

―――――――――――

Was ich gestern feststellte: wir sehen selbst dann noch gut aus, wenn wir eine Unterhose auf dem Kopf tragen und das selbst dann noch, wenn zwischen Stirn und Gummibund eine kerzenförmige Glühbirne klemmt

―――――――――――

Ich war Fußballfan. Des Abends schmierte ich mir den Schädel ein mit Fußballfett

―――――――――――

Es ist 23:40. Zeit, eine erste Bilanz für den Tag zu ziehen
(erfolgreich vollgefressen wanke ich dem Bett entgegen)

―――――――――――

La La La   Berlin

Ich kaufte mir Ohrstopfen und fuhr nach Berlin. Als wir vor den Bahnhof traten, war es mit einem Male sehr warm und viele Frauen trugen Badeschlappen. Schlapp. Schlapp. (Es war gerade Sommer geworden.)

Wir wurden abgeholt von einer Frau, die auf der Flucht zu sein schien und ein Loch im Kopf hatte. Sie fuhr uns zu sich nach Hause (das aussah wie ein Versteck) und wir bestiegen mit einer Flasche Rotwein das Dach. Dort setzten wir uns in die Teerpappe rein und ließen den Blick schweifen. Antennen Dächer Wolken. Wolken Dächer Antennen.

Wir brachten den Wein in unsre Köpfe rein. Dann kauften wir Knochen mit Lamm dran und legten sie auf das Abendrot, bis daß das Fleisch dämmerte. Ich ertrank im Mojito. Dann fuhren wir wohin, wo Leute in einem großen Theater auf einer Bühne waren und sich beschädigten. Dadurch ging den Leuten das Herz auf (oder ein anderer Muskel). Sie wurden dankbar. Wir gingen weiter. In der U-Bahn sahen mich die Leute an, als ob irgendetwas passiert wäre. Hundert Leute mit 1000 runden Augen. Zum Frankfurter Tor in ein anderes Haus, und Josef Stalin machte mir die Tür auf. Dann ab ins Auto; es war mittlerweile dunkel geworden. Wir hielten die Hände in die Nacht und griffen uns Bierflaschen heraus. Ich schwamm auf der Krone. Und als die Sonne wieder über die Dächer kam, legten wir uns in unsre Betten und versteckten uns, als ob irgendetwas passiert wäre.

Blaues Blau

Wir stürzen in diesen Morgen blaues Gras
und morgen war hier mal Ozean blaues Land
morgen fliegen wir Flugzeug blaues Blau
in irgendeinem Himmel sind wir gewesen

Libellen fliegen aus deinem Kopf
wenn du den Mund aufmachst
und Wetterleuchten allüberall und in uns drin
wo die Libellen sind

Und morgen wollen wir weiter fliegen morgen
und wo es dann wieder blau wird
sind wir gewesen
in irgendeiner Stratosphäre wurden wir müde
und wir legten uns in unsere Berge
jeder in seinen

la la la
wir legten uns in unsere Berge
und wo es dann wieder Blau wird, sind wir gewesen

Wir tasten uns vor. Wir haben Angst. Denn: WIR WISSEN AUCH NICHT SO GENAU. Es sei denn wir treffen auf das, was sich wiederholt. (Ahh genau, das ist es)

Horizont summt in meinem Kopf

Die Miete ist schon mal die halbe Miete

Es allzumenschelt

Wo deine Bestände sind

Revolutionieren (Lied)

ESSEN
1. Zauberbraten mit Zauberkraut

2. Chromkotelett

3. Der Tee schmeckt nach Beton

GENERATIONENMOTTO:
Letztendlich wollen wir unsere Ruhe haben

Du sagst, du glaubst an die Liebe

Fünfmal über Licht

1.

Ich war in einem Bad. Ich schwamm durch das Blau. Zum Berühren nahe trieb in der Nachbarbahn ein großer, mit einer weißen Haut umspannter Skarabäus im Wasser. Es hätte auch ein Krüppel sein können. Er trug eine schwarze Badehose aus Stretch, die sich deutlich von der weißen Haut absetzte. Er war gewiß größer als ich. Er mühte sich sehr mit seinem kräftigen, einer halbierten Riesenfeige ähnlichen Körper. Zwei dünne Beine ragten aus dem Korpus wie abgeknickte Äste. Er war nicht in der Lage, die Beinchen zu bewegen. Sie ruckelten schwebend dem gewölbten Korpus hinterdrein. Das Wasser zwischen ihm und mir war getrennt durch aneinandergereihte weiße und rote Plastikkugeln. Ich passierte den treibenden geschäftigen Körper und wagte es nicht, die mir empfindliche Stelle zu betrachten, an der seine Beine aus dem Korpus ragten. (Ich konnte sie sehen, denn ich trug eine Brille, die mich unter Wasser sehen ließ). Doch mit der Zeit, je mehr Bahnen wir gezogen hatten, begann ich, diese Stelle mit meinen untergetauchten Blicken zu berühren. Ich gewöhnte mich.

Während der Skarabäus sich mühte (und dabei eigentlich nicht von der Stelle kam), schwamm ich leicht und gleichmäßig. Ich trug eine anliegende Badehose aus rotem Stretch. Ich achtete darauf, den Vorgang des Kraulens zu optimieren, indem ich die Arme, so weit es ging, nach vorne zog, bis ich die Stelle an den Seiten meines Brustkorbes fühlte, an denen der unterste Rippenbogen den Rumpf umfasst. Immer wieder passierte ich den Skarabäus. Wir bildeten ein gemeinsames Sonnengeflecht.

2.

Ich sehe mich mit ein paar Freunden auf Liegestühlen am Rande der Unendlichkeit sitzen. Das war, als die Erde noch eine Scheibe war.

Wir tragen Spezialbrillen, die unsre Augen vor dem enormen Licht schützen. Um uns herum ist es still. In der Ferne hören wir leise ein himmelweites Grollen. Ein ganz leichter Wind ist aufgekommen, der uns sanft die Haare aus der Stirn schiebt. Wir schweigen und brabbeln. Wir haben einen freien Blick zum Horizont, von dem in seiner gesamten Breite Lichtwellen auf uns zukommen. Das Licht ist gegenständlich spürbar, wie das Reiben von trockener Haut auf trockener Haut; seine Wellen lassen wie sehr tiefes Bassbrummen unsere Bauchdecken und Brustkörbe schwingen. Wir haben aufgehört, schnelle Bewegungen zu machen und gleichen Insekten, die in die Kälte geraten. Wir sind aus tiefem Inneren entspannt. Die Energie, die uns umgibt, wird stetig stärker. Wir müssen selbst keine mehr aufbringen, was merkwürdig angenehm ist. Wir beginnen uns aufzulösen; unsere vorherige Form ist im Fluß befindlich. Wir beginnen, die Form der Umgebung anzunehmen. Wir bilden ein gemeinsames Sonnengeflecht.

3.
Das späte Licht einer dunklen Sonne leuchtet in die Nacht, in der wir liegen. Hinter einer Klappe, die man öffnen kann, beginnt die schwarze Seite (der Nacht). Schwarz beschreibt keinen Zustand, sondern eine Entwicklung/eine Verdichtung. Sie ist beliebig steigerbar. Wo es am schwärzesten ist, sitzen Fliegen, die zu fliegen beginnen. Sie verwandeln sich zu Lichtblitzen in Augen.

4.
Ich lebte in Plattenbauten. Ich lebte dort und verließ meinen Bereich. Ich sank die Stockwerke hinab, und die Ziffern an den Türen zählten sich herab bis 1, während ich durch das Mark des Baus glitt.

Unten drückte ich die Türe weg, die sich weich drücken ließ, und die Ziffer 1 trug. Ich verließ den Schacht, durch den ich hinabgesunken war, den Strang der Nerven, durch den das Leben des Plattenbaus strömt.

Ich verließ den Schacht und befand mich in Dunkelheit. Drückte dort, wo ein orangenes Licht in der Dunkelheit leise schien. Und erleuchtete die Treppen von Ziffer 1 bis 8 mit einem Schlag, einem Lichtschlag, den ich durch den hohlen Knochen sandte, der durch den Bau zackt; ein hohler aufrechter Knochen.

Ich sackte also herab durch das Mark des Baus, ich ließ Licht scheinen in seinen Knochen - doch eine Seele fand ich nicht. Nur das kann ich sagen: daß ich keine Seele fand; wie der erste Kosmonaut, der berichtete, einen Gott habe er dort oben nicht gesehen.

Ich hörte nichts als meine Laute und das Steigen und Sinken der Kapsel im Schacht, als ich vor dem Schacht stand. Und das Steigen und Sinken, als ich in der Kapsel stand und sank; hörte nur das Schlagen der Drähte, der Motoren und das Schwingen da drinnen. Ich verließ den Plattenbau, brachte Essen und Trinken in ihn zurück, öffnete die Tür zu meinem Bereich und trug das Essen und das Trinken hinein. Dann lebte ich wieder in Plattenbauten.

5.

In einer der Seitenstraßen leckte mir ein Hund sanft über die Hand. Auf der Haut bildeten sich in der Sonne glänzende Kristalle; ich ließ sie vom Wind verwehen. Sie umgaben mich daraufhin wie ein Mikrokosmos. Ich in einem Wölkchen aus Hundespeichelkristallen, aus den Farben des Spektrums; hauptsächlich weißes Licht, auch viel Blau.

In der Nacht hatte mir ein Skorpion ein Geschoß in den Schenkel gerammt. Um die Einstichstelle bildete sich ein entlang meiner Blutbahn zum Herzen hin mäandernder dunkelroter Fleck. Bevor der Kuß fiel, hatte ich versucht, mit dem Skorpion zu reden. Wir hatten ein knappes Gespräch, wobei er wenig sagte, und ich glaube, es war meine Schuld, daß er schoß. Er hatte eine hohe und weiche Stimme, und er lachte mehrmals in unsicheren gepressten Kaskaden. Wobei ich nur sagen kann, daß er nicht über mich lachte. Es war meine Schuld, daß der Skorpion schoß. Ich war ihm zu nahe gekommen - mit meinen Gedanken hatte ich ihn berührt. Als er mich traf, dachte ich: Alles, was neu ist, schmerzt. Und spürte sein Gift, das jetzt, da es in mir war, mein Gift war, in meinem Körper dem Herzen zufließen. Es versäuerte mich.

Die restlichen Stunden der Nacht lag ich in einem Garten, in dem um mich herum in den Bäumen Menschenpaare verhakt waren. Sie stöhnten und krümmten sich im Dunkeln. Später dann: die Bäume begannen im sanften Orange des Lichts zu leuchten. Sie bogen sich leicht im Wind und lachten.

Ich geh raus, zieh die Schlappen aus, mach Sockentanz

Affenwasser

Die dünne weiße Linie der Erkenntnis

Ich nehm ein Bad in dir

Schneefreund

Büromusik

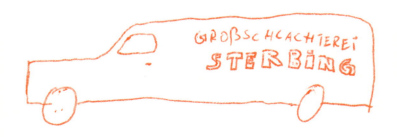

Immer wieder erstaunlich: die Dinge, die es wirklich gibt.
Zum Beispiel die GROSSSCHLACHTEREI STERBING

Trennungslied

Klausi trennt sich von Bibsi.
Babsi trennt sich von Hans.
Hanna trennt sich von Pelle.
Berti tritt an die Stelle.
Aber mögen tun sie sich weiter,
vielleicht etwas weniger heiter.
Pelle muß nochmal raus auf die Wiese,
vielleicht findet er dort dann Luise.
Die trennt sich grade von Heiner,
der findet das erheblich gemeiner
als seine Trennung von Iris,
die schon eine Zeit lang her is.
Und Oticha und Herwig!
Man trennt sich einverständlich.
Oticha ein wenig einverständlicher.

Rainer definiert seine Bestände und er kann sich nicht entscheiden.
Silke trennt sich von Rainer und Rainer ist auf einmal alleiner
— als vorher.
Andrea und Mark trennen sich schon seit Jahren,
jetzt werden sie langsam müde.
Werner und Ulla sind da schneller.
Werner liebt parallel Hella.
Nur Beate und Jürgen müssen nicht würgen.
Sie werden sich trennen, bevor sie sich kennen.

Refrain:
Haupsache wir sitzen am Ende alle im selben Heim
denn ohne all die andern Getrennten
möchten wir nicht alleine sein

Von irgendwem trennt sich Leander,
das bringt ihn ganz durcheinander.
Aber irgendwie der Leander,
sieh da, auch wieder bleibt er.
Petra heißt jetzt Hedwig, sonst ändert sich wenig.
Norbert sieht aus wie Alfred,
und Günther heißt Stephan.

Rita trennt sich mal wieder von Thorsten.
Thorsten sträubt seine Borsten.
Demnächst sind sie dann wieder zusammen.
Zusammen in Flammen.

Mirijam hat niemand, von dem sie sich trennen kann.
Sie trennt sich von dem, der noch übrig is,
von dem man sich trennen kann.
Sie trennt sich von sich. Warum auch nich.

REFRAIN:
Haupsache wir sitzen am Ende alle im selben Heim
denn ohne all die andern Getrennten
möchten wir nicht alleine sein

(lange wiederholen)

Irgendwann einmal war der Himmel neongrün gewesen. Dann wurde er grau und lichtschwach. Stehend trank ich eine chlorophyllfarbene Flüssigkeit. Es ist ruhig in den Häusern und Treppenhäusern. Schweigen umgibt Sex.
Unten am Fluß ist das graue Wasser. Die Steine sind kalt und groß und der Sand ist naß. Es gibt eine Reihe mit hohen Pappeln. Containerschiffe ziehen vorbei.

THE BIG DRINLASSE

Wenn die Leute in den Kirchen so laut singen:
katholischer Mundgeruch

An den Hinterausgängen der Bahnhöfe. Was machen all die Leute da?

ICH GING DURCH EINEN PARK

Ich ging durch einen Park, der auf einem Hügel lag (alte laublose Buchen). Durch den Park zogen sich geteerte Wege, zu Teilen bemoost. Hinter den Bäumen konnte ich entfernt mehrstöckige Gebäude sehen. Ich passierte eine alte Tochter, die ihre (eigentlich) nicht mehr vorhandene Mutter durch die Buchen den Hügel hinabschob. Aus meiner Entfernung hörte ich leise, wie die Tochter laut mit der Mutter sprach. Die Mutter, nichts Hörbares erwidernd, in einem alten braunen Pelz versunken.
Die Buchen silbern und Mittagsstille/hohe Backsteinmauern/abgeschlagene Flaschenhälse. Ich lief durch den Park, über die Wege, unten an den Buchen entlang, und wollte den Park verlassen. Ich hoffte auf eine Unterbrechung der Mauer oder eine offene Stelle. Doch die Mauer war geschlossen und dicht. So musste ich – eiliger werdend – zurück an das Tor, das ich erleichtert durchlief. Draußen beschleunigten sich meine Schritte. Ich spürte Schweiß entlang der Wirbelsäule. Durch Wohnstraßen, an denen Bungalows wuchsen, die wie Mausoleen hergerichtet waren, entfernte ich mich. Ich lief über ausgewaschene blanke Gehsteigplatten.

das hier macht lalala und versendet sich

———————————

Wir sitzen auf luftgefüllten Sitzen in der weißen Fläche
am Ende der Welt
————

Unterwegs im Zielgebiet

——————

Von Beruf Endverbraucher

————————
—————

Bekleidung ist gut
Zieht euch was über

———

Beipflichten
Okayfinden
Supersagen

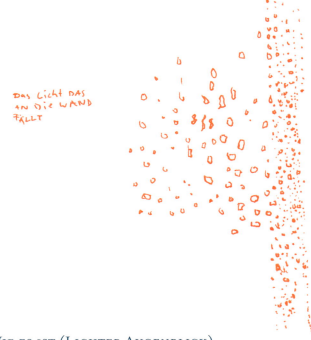

WIE ES IST (LICHTER AUGENBLICK)

Alkohol hilft. Geld auch. Was immer alle so sagen und denken, es ist nichts als die Wahrheit. (Die Reichen leben länger und haben ein schöneres Leben). Und es ist alles ganz einfach: Es ist immer genauso, wie es scheint. Es ist immer genauso, wie es ist. Ja Ja.
Natürlich zusätzlich daneben dies: es ist selbstredend überhaupt nicht so, wie es scheint, sondern ein wenig anders, dh völlig diametral anders. Nämlich gegenteilig. Es ist übrigens auch gleichzeitig gar nicht so schlimm, wie gern behauptet wird, sondern irgendwie ganz in Ordnung (also ich so: „ok"). Und dann aber auch leider das: es ist gleichzeitig immer eben auch ganz extrem viel fürchterlicher und sehr viel entsetzlicher, als allgemein angenommen wird. Das ist das Schöne: es ist, wie es ist, und Alkohol hilft, und Geld auch und der ganze Rest. Ja. Es gibt eine Stelle/Moment, an dem es dich aus der Schleife/Kurve hinausträgt und auf die Reise bringt. Dort entsteht Licht (Lichtsäulen auf Lichtungen) und die roten Waldschnecken werden geboren. Sie ziehen über den Waldboden.

Anwesenheit in der Stratosphäre. Nachtflug, in der Scheibe hängend. Ein blinkendes Licht, das mich begleitet draußen in der Dunkelheit wie Flügelschlag. Mir kamen Bilder von einer Begegnung in den Gärten von Bomarzo. Ein Gespräch in einem italienischen Garten. Ein kurzes Gespräch über die Fortpflanzung. Eher ein Monolog der Frau. Das fette Land verlassen. Durch die Schleuse zwängen. Schnelles Durchsickern. Dunkel hier.

Die Bilder die kommen
wenn der Tag geht
wenn die Nacht kommt
wenn die Punkte kleiner werden
Das Bild von der Stelle an der du immer immer immer immer
noch stehst

Ich halte es durchaus für möglich, daß wir alle einmal sterben werden

Wir werden uns gewöhnen müssen an das fortwährende Dröhnen der Kontrollflugzeuge, wenn sie über die Ebenen ziehen. Schwer und langsam und mit großen Flügeln. Und ihre Schatten gleiten über das Land. An Bord eine Besatzung, die mit runden Augen nach Feinden sucht. Doch: es gibt keine Feinde mehr. (Nein, anders: es gibt davon viele)

DIE NACHT IM INNEREN

Die Nacht im Inneren von Steinen und Gebirgen
ist die Nacht die Nacht im Inneren von mir und dir

und wir träumen in den Nächten von den Steinen und den Schächten
von meinen Steinen und deinen
von meinen Steinen und deinen

Und es gibt diese Stelle im toten Winkel der Nacht
und dort sitzt jemand der es wirklich nicht mehr gut mit dir meint
wirklich

mein Stein
dein Stein

Und niemand niemand ist nirgendwo
alleiner ist keiner
und keiner ist kleiner
als du der du hüfthoch im Teppich steckst

Die Nacht und eine ganze Welt aus niemand und nirgendwo
hier im toten Winkel der Nacht

die Nacht im Inneren von Steinen und Gebirgen
ist die Nacht die Nacht im Inneren von mir und dir
und wir träumen in den Nächten von den Steinen und den Schächten
von meinen Steinen und deinen

mein Stein
dein Stein

Kosmosbeschiessen

!Du und ich wir beide haben alles
was jetzt noch fehlt ist eine Kanone
ich denke fett und fahrbar sollte sie sein
die fahrn wir dann ins Industriegebiet und richten sie aus auf den Himmel
wenn dann die Nacht kommt beschießen wir den Kosmos und warten/sehn was dann passiert

vielleicht fällt ja etwas ab für uns
vielleicht fällt ja etwas
vielleicht etwas was wir fangen können und dann haben wir mehr
vielleicht zB einen Japaner (der unbedingt irgendwo hinfliegen mußte)
oder einen Sudanesen
vielleicht fängt es an zu regnen vielleicht vielleicht vielleicht
und wenn das alles nix nutzt
nehmen wir uns selber
und schießen uns einer nach dem anderen ins All

(nach einigem Überlegen:)
Ich weiß was über Kosmosbeschießer
Kosmosbeschießer wolln was andres
Sie wollen keine Asiaten treffen
Das mit dem Japaner das tut ihnen leid (aber es war ja immerhin auch nachts wer kann da schon sehen wer wo durch den Himmel fliegt)
Deswegen aber schießen Kosmosbeschießer nicht in den Himmel rein

Warum schießen sie dann?

Kosmosbeschießer wolln was andres

Was denn nun?

Was genau sie wissen es nicht

Ja nun

Egal. Hauptsache das Schießen macht Spaß
U<small>ND</small>: Hauptsache der Kosmos schießt nicht zurück denn das
könnte ja auch passieren (und bei dem weiß man ja nie)
wenn I<small>CH</small> es mir recht überlege wenn mir jemand in den Arsch
reinschießen würde dem tät ich ganz schön einen verblasen mit
allen Winden die ich hab

Gut also immerhin der Wind

———————————————
——————
——————

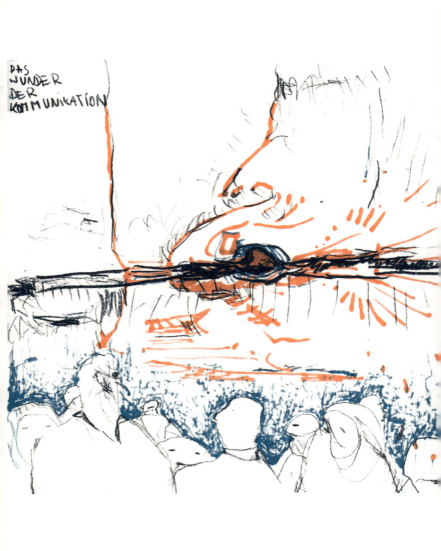

Wintereinbruch im Sommer

Es schließt sich
die offene Pore des Sommers
sie verengt sich
durch ein nach innen gerichtetes Ziehen
Das Ziel ist, die Wärme zu halten
Die Asphaltwärme unserer Liebe, in deren Luftzug
unsere Flimmerhärchen flimmern
Im stillen Licht des Erinnerns bewegen sich Menschen an Orten
und treffen auf andere. Oder stehn da vor Wänden
in Wiesen
sitzen auf Steinen
Die Bilder, die in mir aufgingen,
die ich behielt
Die Bilder, aus denen wir bestehen.
Allen ist gleich: irgendeine Form von Liebe

Moondog-Choral-Jingle (im Kanon):

Freut euch des Lebens
es ist kostbar und es geht wie der Wind

Es gingen über uns hinweg die Wechsel

Von der Hand im Puma / von den Affen

Ich war in einem Zimmer im 2. Stock eines Einfamilienhauses. Im Raum noch andere Menschen, die mich kannten. Ich saß auf einer Bettkante. Mit einem Male kam von rechts lautlos und zielstrebig ein Puma in das Zimmer. Tiefschwarz samtig glänzend. Stechende blinkende Augen. Kleiner Kopf. Sehr muskulös. Rasse. Zuerst wusste ich nicht, was es für ein Tier war. Aber ich erstarrte vor Angst, meine Bewegungen froren ein wegen der Massigkeit/Gewalt/Majestät, die der Puma ausstrahlte. Er kam an mich heran. Ich wagte nicht zu atmen. Dann nahm er sacht meine linke Hand in das Maul und hielt die Hand gefangen. Ich spürte genau die heiße/feuchte/nasse/wohldefinierte Zunge, die Zähne/Wülste. Ich wagte nicht, mich zu regen. Ich wußte, wenn er will, kann er mit einem Biß die Hand nehmen. Ich überlegte, schnell zu reagieren, die Hand zu entreißen, ihm das Maul zuzuhalten, mit ihm zu kämpfen; doch ich tat es nicht, weil ich erstarrt war. Es war eine lange Phase des Erstarrens. Wieder einmal das: „Passiert es oder passiert es nicht?"
Die Menschen neben mir sahen zu. Schweigen. Meine Hand im heißen Maul. Doch der Biß geschah nicht. Mir geschah nichts. Nie geschieht mir etwas in Träumen. Wenn der Biß geschehen wäre, ein Lügenbiß wäre es gewesen. Denn beim Aufwachen hätte ich die Hand wieder gehabt.
Später ging der Puma. Ich weiß die Umstände dazu allerdings nicht mehr. Das Geschehen ging im Garten weiter. Von oben sah ich: Irgendjemand hatte stählerne Säulen, ca 3 Meter hoch/verrostet in einer Kreisform in den Boden gerammt. Darin und drumherum tummelten sich Affen (schwarze Fellfarbe). Irgendwie wurden sie zur Gefahr und es ging darum, die Affen zu töten. Doch dazu kam es nicht.

Als ich erwachte, lag neben mir im Bett das beachtliche Überbleibsel einer schwarzen Spinne. Ich hob das federleichte Gebilde aus gekrümmten Beinchen auf ein Stück Papier und legte es auf den Boden.

ICH STAND AUF DEM DACH

Ich stand auf dem Dach eines Hochhauses, das gegenüber von einem anderen Hochhaus stand. In meinem Kopf die grobkörnige Vorstellung, daß das andere Gebäude sehr kräftige Schläge oder Erschütterungen abbekäme, wie etwa durch eine riesige Abrißbirne oder ein Erdbeben.
Siehe da. Genau das geschah. Ich lenkte mit meinen Gedanken die Dekonstruktion des gegenüberliegenden Hauses. Schlag für Schlag zappelte das Gebäude. Irgendwann sprang das Rütteln und Schlagen über auf das Hochhaus, auf dem ich stand. Es wurde wild und ungemütlich. Also stellte ich mich an den Rand, nahm mich zusammen und dachte mir: spring und flieg. Ich fand den Punkt zwischen Tun und Nichttun, überwand ihn und sprang - und flog. Wie ein Felsenmeerspringer sah das aus.
Später blickte ich in ein verschneites Tal im Gebirge, das sehr langgezogen war und in dem in der schneebedeckten Nacht die Häuser leuchteten. Pueblogeometrien.

WAS ICH TRÄUMTE

Was ich träumte, ich weiß es nicht. Es war viel dunkles Zeug dabei und Details, die vergingen. Ich war in Hohlwegen unterwegs. Im T-Shirt ohne Gepäck ging ich über ein Land, das schwach beleuchtet war mit einzelnen weißen Flecken in einer mittleren Landschaft mit sporadischer Infrastruktur, in dem es manchmal wimmelte. Immer mal wieder tauchte wer auf, der meine Gedanken hersagte. So waren sie mir alle vertraut im Traume, die Leute. Was ich später sah, daß die Träume unseren Tagen vorausgehen, um später Gestalt anzunehmen, und nicht umgekehrt. Es verschob sich am Tage ein Gestänge in meinem Rücken und es war viel Dunkles dabei, bei dem, was an meine Lampe kam. Ich durchschritt den Tag durch allerlei Infrastruktur und immer wieder begann etwas zu wimmeln.

WAL AUFBOHREN

In Norddeich im Wattenmeer macht man folgendes: einen toten, gestrandeten Wal bohrt man auf, damît er nicht explodiert. Es sammelt sich Gas im Wal, wenn er tot ist. Es sammelt sich an, bis es nicht mehr geht. Dann knallts. Deshalb bohrt man ihn auf. Ansonsten könnte folgendes passieren: Man kommt gerade vorbei am Strand, und es fliegt einem der Wal um die Ohren, das große Tier. Deshalb bohrt man ihn auf, um das Gas zu entladen, in der Hoffnung, nicht gerade dann zu bohren, wenns knallt.

!Wen alles und was alles würde ich gerne aufbohren, damît er oder sie oder es nicht explodiert!

Wen alles und was alles würde ich gerne gerade eben nicht aufbohren, damît er/sie/es explodiert! Es sammelt sich Gas im Wal, wenn er tot ist. Es fliegt der Wal in die Luft und über den Strand. Ja Ja Nein Nein

---

Wer ausflîppt, hat Recht. Hat vorübergehend Recht

Mein Verhältnis zu Insekten

Insekten drücken
Spinnen hängen sehn und zittern lassen
Spinnen laufen lassen
Motten patschen
Mücken drücken
Ameisen ausladen
Käfer auf Papiere bringen und nach draußen bitten
In Höfe werfen
Würmern weichen
Katzen lassen wenn sie Fliegen jagen
Hunde ebenfalls
Libellen weichen weil sie Stacheln und schöne bunte Farben haben
Wespen einglasen und schmoren lassen während wir nebenan
Kuchen essen/prassen

Bremsen hassen und matschen
Silberfische nerven + flitschen
die über die Fliesen jagen
bis sie sich totstellen wollen

Mücken zerdrücken
Asseln bestaunen
Auf Motten hocken
Zecken necken
bevor wir sie zwicken (in der Mitte durch mit dem Daumennagel)

Die transsylvanische Verwandte ist da

Die transsylvanische Verwandte ist da. Wußte gar nicht, daß ich dort Verwandtschaft hab. Sie lächelt scheu und redet manchmal leise mit sich selber. Sie ißt nur Fleisch. Und das auch nur, wenn es noch blutig ist, und trinkt nur dicken roten süßen Wein.
Eines Tages stand sie vor der Tür – ohne Gepäck. Sie sei Verwandtschaft aus Transsylvanien, eine Tante oder Cousine. Wir sahen uns an. Sie mit ihren etwas gelben Augen und dem starken Überbiß. Ich im Pyjama. Sie starrte mir auf den Hals. Ich hab sie reingelassen. Blut ist eben dicker als Wasser.
Ich gab ihr das Gästezimmer, in dem sie sich ausschlief. Drei Tage und Nächte. Man hörte nichts von ihr. Nur meinte ich das Kratzen von Fingernägeln auf Holz gehört zu haben, und manchmal ein wieherndes Lachen (doch das kann eine Täuschung gewesen sein).
Nach drei Tagen und Nächten ist sie dann aufgestanden. Sie saß schon am Tisch, als ich morgens in die Küche kam. Sie trug eine meiner neuen Hosen und die Schuhe meines toten Onkels. Sie lächelte scheu und sah etwas blaß aus. Ich fragte sie, was sie frühstücken will und sie sagte Fleisch, im Inneren ein wenig blutig, und schweren dicken roten süßen Wein. Ich hab ihr was gebraten und sie aß es. Flink und in sich versunken wie eine Amsel. Dann ließ sie den Wein unter ihren Überbiß laufen und Farbe kam zurück in ihr Gesicht.

Von den Partypeoplen,
die vom Hochhaus springen

Es war in einem Sommer, da stand ich in der Nähe eines Hochhauses, einem richtig großen Hochhaus, auf dessen Dach eine ganze Horde von Partypeoplen war. Bunt (grell, grün teilweise) angezogen mit coolen Sachen etc. Auf dem Dach war Baustelle, dh ein Baugerüst installiert. Rohre ragten in den Himmel, teilweise seitlich über den Dachrand hinaus. Ich stand auf dem Erdboden vor dem Hochhaus in ca. 100 m Entfernung (oder 200). Die Fläche vor dem Gebäude war unbebaut. Aufgeschüttete Hügelchen. Unbewachsene Erde. Eine Baustelle, auf der Erde bewegt wurde. Allerlei Krempel lag herum. Dieses Gelände fiel dann etwas ab und grenzte an einen kleinen Bach, der das Gelände umsäumte. Wie das Nachbargebäude aussah, weiß ich nur angedeutet, weil mein Blick nicht dorthin ging, sondern die ganze Zeit gebannt und starr an den Leuten auf dem Dach hing. Ich weiß nur noch vage, daß das Nachbargebäude auch recht groß sein musste und wohl ein großes Tor oder eine offene Seite hatte. Im Inneren war einiger Platz zu erwarten (aber davon später).

Ich stand also da und sah die ganzen Leute in der Entfernung auf dem Dach. Mit Schrecken stellte ich fest, daß sie sehr locker und unvorsichtig mit der Tatsache umgingen, daß sie auf einem sehr hohen Dach standen. Ich dachte: die Gefahr besteht, daß sie herunterfallen. Offensichtlich waren sie angetrunken oder sonstwie berauscht. Sie bewegten sich und durch die Ansammlung von Menschen ging Bewegung. Ein junger Mann in einem smaragdgrünen glänzenden T-Shirt turnte an dem Gestänge, das seitlich das Dach etwas überragte. Sehr stark spürte ich das Gefühl der Angst, daß etwas passieren würde.

Und wirklich. Ein dunkelhaariger Mann, eine unauffällige Gestalt, sprang vom Dach in die Tiefe. Er flog durch die Luft, kam auf dem Boden auf und blieb auf Händen und Knien. Ich war bestürzt. „Der ist tot", durchfuhr es mich. Ich blieb stehen und blickte an die Stelle. Erst passierte nichts, dann aber erhob sich der Mann, wie sich Papier oder Cellophan entfaltet. Er stand auf und ging ruhig und unbeeindruckt (wie ein normaler Mensch könnte man sagen) davon. Ich verstand nicht, war aber froh (erleichtert). Dann, nach einer Zeit, eine weitere Gestalt. Wieder ein Sprung. Der Mann landete. Lag. Stand auf. Und ging.

Jetzt wurden es immer mehr. Offensichtlich hatte man auf dem Dach das Springen als etwas Gemeinsames entdeckt. Die Leute sprangen und begannen dabei immer mehr zu fliegen. Die Flugbahn geriet weniger zum senkrechten Fall denn zum skispringerhaften Flug. Immer weiter weg trug es die Dachmenschen. Schließlich flog in ganz weitem Bogen ein Araber in einem knöchellangen Kaftan aus derben braunem Rupfen in meine Nähe, er landete tatsächlich wie ein Skispringer an der Stelle, wo zu dem Bächlein hin das Gelände abfallend war. Ich stand in der Nähe und er schoß an mir vorbei und verschwand mit viel Schwung durch den Torbogen in dem großen Nachbargebäude. Ich erwartete das Geräusch eines Aufpralls. Fürchtete das eklige Geräusch eines aufprallenden Körpers, Schmerzen, Schreie, Poltern. Nichts derartiges geschah. Er verschwand in Stille und ich sah nichts mehr von ihm.

DIE SEKUNDEN MEINES TAGES

Der Raum ist voll
doch keiner ist irgendwie da
das erreicht mich nicht

Soviele Sekunden hat mein Tag nicht
die ich bräuchte um mein NEIN zu sagen meine Neine

der Raum ist voll doch keiner ist irgendwie da

wer stört fliegt raus
ich störe und also fliege
fliege
raus raus raus
Räume räumen
hier muß ich nicht sein
hier will ich nicht einmal fehlen
hier will ich nicht einmal fehlen

lieber draußen auf den Wegen
der süße Septemberregen

Ich glaube wen immer ich sehe der muß glücklich sein

wir mögen das Land
wir massieren die Straßen
wir cremen die Häuser die Gebäude
wir kühlen die Städte und wischen sie ab
wir mögen das Land
wir akupunktieren den Boden (mit sehr großen Stahlstangen)
wir salben den Beton
wir verbinden die Drähte

wir trösten die Maschinen
Tropfen für die Elektronik
der Infrastruktur legen wir die Hände auf
(Hand auflegen den Maschinen)
wir cremen die Straßen
wir mögen das Land
wir akupunktieren das Land

wir werden siegen

―――――――――――
 ―――――――――

Flitzmutter

―――――――――

Geisterfahrer

―――――――――
 ―――――――――――

WIR KAMEN AN EINEN SEE

Wir gingen durch die Bäume
und kamen an einen See
Wir fuhren aus der Haut
und standen im Wasser
Später lagen wir und schwebten
Der See war dunkel
und mit nassen Augen blickten wir
unter uns war es dunkel und dicht
ahnungslos war es dort
wir schwebten an einer Oberfläche
in einem dünnen Schimmer
aus grünem Licht
Während der See von Bäumen umgeben war, die bis ans Wasser reichten

Es passiert allerlei draussen in der Welt

Nach einem Fest, das zuerst im Hause von Freunden, später aber auf einmal im Hause meiner Eltern stattfand, ereignete sich folgendes: Wir waren in einer Art Reithalle. Von oben fiel getrübtes Licht in die Halle. Der Boden war mit Sägemehl bedeckt. Wie wir so dastanden, bemerkte ich auf einmal eine völlig wundersame bizarre Pferdekarre, die sich trötend in der Halle in Bewegung setzte. So viel ich erinnere, eine Art hölzerne Lafette, auf der ein irgendwie noch lebendes Pferdeskelett hockte. Aufgerichtet sitzend. An den Knochen befanden sich rötliche Sehnen und Muskelteile, die das ganze zusammenhielten. Der Kopf abgeschabt mit kleinen punktförmigen Augen. Von dem Karren ging ein Tut! Tut! Tut!-Geräusch aus. Ein Alarmton. Aggressiv. Auf dem Karren oder mitgehend ein junger Mann - ein Knecht, der die Richtung wies. Der Karren sauste los und fuhr an uns vorbei, fuhr frontal auf eine Mauer; dort gab es beim Aufprall ein hölzern klapperndes Geräusch. Der Knecht oder die Gestalt, die dem Wagen den Weg gewiesen hatte, stieg auf den Karren und flüsterte dem abgeschabten Pferdeschädel etwas ins Ohr. So ging die Reise weiter. Der Karren setzte zurück und sauste im Bogen aus der Halle hinaus. Mensch, es passiert allerlei da draußen in der Welt.

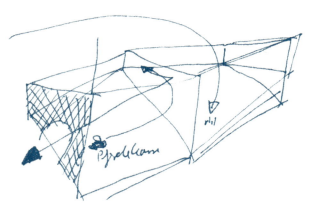

Ich fand kostbaren Sperrmüll

Ich auf einer ganz frühen morgendlichen Straße in einer Stadt. Das zarte Licht. Der Schimmer des Morgens. An einer Mauer, in der eine Tür eingelassen war, fand ich kostbaren Sperrmüll. Was es war, weiß ich nicht mehr. Ich wollte es nehmen, da kam durch die Tür, die geöffnet stand, eine Frau mittleren Alters. Sie sagte, es gäbe noch mehr von diesem kostbaren Sperrmüll. Ich dürfe ihn nehmen. Ich solle jedoch nichts verraten, weil sonst zu viele Menschen kämen. Es sei ihr Sperrmüll. Sie habe noch mehr. Ich solle mitkommen.

Ich folgte ihr durch schmale ab- und aufwärtsführende Treppenstiegen. Schließlich kamen wir in einen kuppelhaften Raum, an dessen Kuppelwänden bunte, gemusterte Tücher und Decken hingen und der aus einer Holzkonstruktion bestand, die wie ein sehr großes Regalsystem funktionierte (altes dunkles tiefbraunes, braungoldnes ehrbares Holz). Ich kam mir vor wie in einem undefinierbaren Tempel. Es war schummrig dunkel. Ein wenig Licht ließ Farben und Ornamente und die Holzbalken aufblitzen. Die Frau sprach zu mir. Leise. Als ob sie niemanden wecken wollte. Sie kramte in den Tüchern, die in den Fächern waren, die die Holzbalken bildeten. Mit einem Male stieß sie an etwas, das sich unter dem Tuch bewegte. Ich erschrak. Was war das?

Ein Mensch. Ein Schläfer. Der nun aufwachte. Es dauerte kurz und ein anderer Schläfer erwachte. Auch er irgendwo verhüllt in einer bunten, fremd gemusterten Decke, irgendwo liegend in der großen kuppelhaften Holzkonstruktion. Dann: in einer Art Kettenreaktion regten sich immer mehr. Überall erwachten Menschen unter den Decken. Sie erhoben sich, richteten sich auf. Die ganze Kuppel war voll von Menschen, die nun erwacht waren. Hunderte rundgesichtige Menschen. Sie schauten mich an aus allen Richtungen. Da stand ich nun in den Blicken. Von oben fiel ein wenig Licht.

Unterwegs
Wir kamen in ein Dorf, an dessen Anfang zwei Männer in einem
Garten standen. Wir sprachen sie an und einer wies uns den Weg:
wir mögen den steilen Weg aufwärts gehen. Der Mann war gewiß
fremder hier als wir mit seinem polnischen Nebel in den Worten.
Er knickste und wir gingen aufwärts den steilen Weg.
Auf der Suche nach dem Abend legte ich meinen Kopf zwischen
die Sterne und fiel in die Nacht. Kurz vor dem Morgen sah ich
den Schwanz eines Fuchses verschwinden in einer blauen Wiese.

Ulm
von dir sah ich nur
allerlei Lampen
vorbeiflitzen
vor dunklem Grund

Theater. Senden. Senden. Senden – egal was. Es glitzert. Das
macht der feuchte Film, wenn der Augenaufschlag über die Worte
geht. Die Spieler – man kann sie nicht entkleiden. Es bleibt
immer noch eine Schicht, die dann kommt. (Wer könnte eine
Zwiebel entkleiden?) Am Ende immer die Einsamkeit. Eine
traurige Melodie unter den Augen.

Mit jedem neuen Gedanken
über der Spiegelfläche
meines Gesichts
sinkt mir die Spannung aus den Muskeln
die mir das Meinige zusammenhalten

Nun beginnt es schon, daß das Licht scheint, als ob Schnee läge. Doch es liegt keiner. Es fehlen die Blätter in den Ästen der Sonne. Höre Höre. Autobahn schabt in der Ferne.

Ich versank augenblicklich in einen sirrenden Schlaf. Jeder Pulsschlag hämmerte meinen Hinterkopf tiefer in die Kissen. Als ich dachte, ich fiele im Liegen hinterrücks über, war ich auch schon entdämmert.

eigentlich dachte ich immer Augen sähen eigentlich immer alle gleich aus.

Die leblose Masse am anderen Ende der Nacht

―――――――――――――――――――――
―――――――――――――――――――

SCHICHTERICH

Es gab einen (und ich glaube, es war einer von vielen)
der ging auf eine einsame Reise
folgend
dem Prinzip vom Sediment (Ablagern + Anlagern)
summend
das Lied von den Schichten
Er vergrub in sich eine Zeit
und passierte die großen weiten offenrandigen Räume
wie eine Versteinerung

―――――――――――――――――――――

Inmitten der Stadt, in all dem, die schwarze Frau vor mir auf dem Weg. Im Gehen entläßt ihre Hand den abgenagten Knochen, der zu Boden geht und liegt.

―――――――――――――――――――――

Heimwerkermotto:
Worüber man nicht tapezieren kann, darüber muß man schweigen.

Ich wollte glücklich sein

Ich wollte glücklich sein. Also fuhr ich zur Müllkippe nach Ossendorf.

AWB!
AWB!
Du Abfallwirtschaftsbetrieb!

Ich war durchs Haus gegangen und hatte mitgenommen, was nicht mehr von Nöten war. Das war vieles. Der Karton mit den Tüten, in denen die vermotteten Strickpullover und das steife Schaffell lagen, die braunen Fieberglaskoffer, die Konstruktion von IKEA, eigens dafür geschaffen, irgendwann einmal nach Ossendorf zu dürfen. Und noch einiges mehr.

AWB!
AWB!
Du Abfallwirtschatsbetrieb!

Man fährt mit dem Wagen eine Rampe hoch und schmeißt alles in die Container. Dann kommt die mit Kaputtmachkanten versehene litfaßsäulengroße Zermantsch- und Wämswalze, die im Container über die Sachen knattert und sie einplättet. Und dann passiert das folgende:

1. Der Koffer verändert seine Form.
2. Das Sideboard tanzt ein wenig.
3. Die Stühle machen letzte Geräusche.
4. Nur der Futon bleibt stumm, wie er da liegt und sich irgendetwas ein letztes Mal auf ihm wälzt.
5. Das Glas von den Lampen geistert umher, bis das frische Laub es bedeckt aus den Gartensäcken.
6. Ein Fernseher öffnet sein Herz.

Eine hohe nordische Sonne kristallklar in den grünen Blättern von Ossendorf. Oben im Himmel wie das Puffwölckchen eines Schrapnells das feine Schweigen der Randlage. Jugendvollzugsanstalt, Kaserne und ein paar umgebaute Häuser, in denen die Stumpfen ausgezogen sind und nun junge Familien wohnen.

7. Die Rollschuhe finden eine Ecke.
8. Dann die Kartons, denen sowieso alles egal ist.
9. Nur die Fahrräder sträuben sich, machen dann aber doch mit und schmiegen sich.
10. Ein Eisschrank kommt daher und versinkt (wir haben es kommen sehen).
11. Die Kiste mit den Farbtuben, die sich freimachen.
12. Ein wenig Wind weht und streicht über die Matratzen, die sogar die Klarsichthülle noch tragen.

....jetzt sind wir bald durch. Durch den Haufen.

13. Ein Schrank öffnet sich seitlich,
14. zwei Kisten erkennen ihre Grenzen.
15. Drei schwarze Reifen halten sich wacker.
16. Die Tassen fallen –
17. die Gläser bleiben und reiben sich.
18. Ein rundes Metall glänzt in der Sonne.
19. Die Tonne aber muß mit.
20. Das Gestänge ist dankbar;
21. die Kleider haben nichts anderes erwartet.
22. Der Kasten springt.
23. Das Gitter singt.

Das wars. Mein Kombi ist leer. Ich steig in den Wagen und gleite davon. Das grüne Laub auf der Straße; die Ähren wiegen den Sommer.

Ich
legte
meine
Hemmungen beiseite
wie das Silberbesteck

beim

Gänseessen

und schaufelte mich mit den Händen weiter durch den Tag.

―――――――――――
Die meisten Hinrichtungen ereignen sich im Haushalt
―――――――――――

AN EINEM GROSSEN ERDLOCH

Ich stand an einem großen tiefen Erdloch in einer ockerfarbenen Abraumlandschaft. An der Stelle des Lochs hatte einmal eine Stadt gestanden. Man konnte es ein wenig erkennen an den Erdschichten, in denen noch Fundamente, Betonplatten, Rohre, Stahlarmierungen etc. eingelagert waren. Es waren Leute damit beschäftigt, auch das noch auszumerzen/abzubauen. Eine Hinterlassenschaft aus der Schweiz waren sehr massive quadratische Stahlkästen, die wohl mal als Fundamente für irgendetwas gedient hatten. Nun sollten sie zertrümmert werden. Das war schwierig, weil die Kästen eben so massiv und zäh waren. Also hatte man die Stahlquadrate an sehr lange Drahtseile gebunden und hängte sie an gelbe Kräne, die oben am Rand des Loches aufgestellt waren; sie baumelten in die Tiefe der Grube hinein. Es war eine Art Gaudi, die sich die Kranführer machten, mittels großangelegter Schwünge die beiden hängenden Kästen aufeinander prallen zu lassen. Was aber nicht gelang, solange ich zuschaute. Die Kästen setzten aber auf am Rande der Grube, schleuderten herum in ihrer mächtigen Zeitlupe. Das wurde beobachtet von etlichen Menschen, die überall herumstanden. Doch es waren noch viel mehr Menschen unterwegs, als die, die diesem Vorgang zuschauten. (Es waren sehr sehr viele Menschen unterwegs.) Zeitweilig sah ich sie alle oben am Rande und in den Hängen der Grube stehen. Ich war an einer steilen Stelle im rutschigen (kiesigen) Erdreich ausgeglitten und dann an einer Kante in die Tiefe hinabgerutscht. Zuerst hatte ich mich jäh entsetzt, dann aber war es gar nicht so schimm, ich krabbelte wieder nach oben.

Inzwischen war eine Art Volkslauf ausgebrochen. Immer mehr Menschen kamen und kamen. Es gab Gänge und Flure. Öffentliche Gebäude, offene Stellen, Wiesenränder. Überall immer mehr Menschen. Der Volkslauf begann und die Menschen begannen zu laufen. Einige kannte ich. Einer davon – ein alter Freund – hetzte daher auf spitzen Zehen auf einem freien Stück Weg (es war ein geteerter Weg). Er lief aber entgegen der Laufrichtung. Der Volkslauf ging in eine andere. Das Gesicht des alten Freundes war starr. Er hetzte sich sehr.

In dem ganzen Gewimmel begegnete ich immer wieder K., der immer über mich hinwegsah, weil er seinen Kopf so hoch trug, daß er mich nicht sehen mußte. Ich fühlte mich schlecht jedesmal, wenn ich K. begegnete. Später saß noch Johannes Heesters am Tisch. Er hatte tränenfeuchte Augen, war aber vergnügt. Ich gratulierte ihm in all dem Durcheinander.

Über mir im blaugestreiften Himmel waren eine Menge Drachen unterwegs. An den Schnüren, mit denen man die Drachen lenkte, hingen deren Besitzer. Es hatte sie in die Lüfte gespült und dort hingen sie nun und schwebten tausende Meter über dem Land. Es hatte sie nach oben gezogen an ihren Leinen hängend. Vorher hatten sie noch auf Grünflächen gestanden. Neben ihren Leuten, Kindern, Familien. In den Momenten, in denen ich sie sah, hatte ich nicht den Eindruck, daß sie jemals wieder landen würden, denn es herrschte ein unablässiger Aufwind, der den hängenden Besitzern durchaus erwünscht schien (ich hatte den Eindruck, es ging ihnen genau darum).

Dann war da noch eine eigenwillige Konstruktion, die aber dennoch wie der Teufel flog: ein gelber Baustellenkran mit blauem Drachennylonstoff umspannt, von einem Amateur zusammengefrickelt aus Holzlatten und TesaPack®. Der Amateur, der da nun mächtig durch die Lüfte schoß auf seinem Selbstgebauten! (Fett und mächtig das Flugding wie eine MONDFÄHRE oder eine Interkontinentalrakete).

LISTE WICHTIGER FRAGEN
1. FRAGE: Warum sind nicht alle so wie ich?

LISTE VON DENKBAREN ALTERNATIVEN
ALTERNATIVE 1: In Selbstsicherheit verblöden
oder in Unsicherheit verzweifeln

Nationalitäten

DIE BELGIER
Die Belgier haben gedrechselte Füße aus Holz. Die Füße sind zylinderförmig, etwa so wie von Kommoden oder Schränken. Die Körper der Belgier bestehen zu gewissen Teilen aus Altmöbeln, die aber noch ganz gut in Schuß sind und auch ganz passabel ausschaun. Eigentlich/Genaugenommen kommen die Möbel, aus denen die Belgier bestehen, aus Dänemark.
Die belgische Bevölkerung ist schon längst vergangen, man sah sie zuletzt bei einem Waldstück. Die Gegend dort war ziemlich flach und die Bäume dünn (und aber grün).
Einen einzigen Belgier gibt es noch. Er hält sich unter einer Granitplatte versteckt.

DIE DEUTSCHEN
Die Deutschen gibt es in Hülle und Fülle. Ihre Schamhaare liegen fluffig und etwas aufgebauscht untendrin in ihren Unterhosen. Sie haben keine Angst vor Tastaturen, wohl aber vor Kippschaltern. Ihre Zäune sind nicht so grobschlächtig wie die der Amerikaner, allerdings bieten sie (die Zäune) auch nicht wirklich Anlaß zur Freude, weil es ziemlich lange braucht, bis sie ordnungsgemäß aufgestellt sind. Dann aber stehen sie lange. Wenn die Deutschen Innenräume mit Wandpaneelen versehen bzw. Decken abhängen, benutzen sie außergewöhnlich viele Spaxschrauben. Oft, wenn Deutsche sterben, bleiben ihre Gartenschuhe auf den Treppenabsätzen zum Keller runter noch eine Weile stehen.

DIE SCHWEDEN

Die Schweden haben eine schlechte Verdauung, sind aber ein freundliches Volk. (Vielleicht liegt es an den vielen Himbeeren.) Wer auf dem WC eines schwedischen Campingplatzes sitzt, hört, wie es aus jeder Kabine hupt. Wenn gestern zB Midsommerabend war, ist heute Midsommertag. Es regnet und regnet und regnet. Alle haben sich verkrochen und trinken Öl, wenn sie durch das Plastik ihrer Vorzelte blicken. Der Wald tropft und das Meer ist kalt. Ich liebe dieses Land und hauche ein Wölkchen in den Himmel.

DIE FRANZOSEN

Die Franzosen sind atomare Wesen. Sie haben eine erstaunliche Eigenart. Aus den Schnittkanten ihrer Bartschatten bzw Barthaare diffundieren unentwegt mikrofeine florale Elemente. Man erkennt dies unter dem Mikroskop. Vor allem kleinblättrige farb- und geruchsintensive Blütenformen wie Veilchen oder Lavendel regnen als ein mit bloßem Auge nicht erkennbarer Sprühfilm auf alle Gegenstände und Mitmenschen nieder, die den Franzosen umgeben. Der Franzose ist üblicherweise luftgefedert. Sein Knochenbau ist verstärkt durch ein hochwertiges Titangestänge, das es in vielen Ländern noch gar nicht gibt. Leider ist der Franzose zwischen den Fingern unangenehm patiniert und an den Fußunterseiten und im Fußnagelbereich ein wenig verschabt.
Sein Geschlechtstrieb ist dem der Hülsenfrüchte vergleichbar.

DIE ENGLÄNDER

Die Engländer warten, bis sie drankommen und träumen von Hautporen, aus denen Haare kommen. Der Engländer sieht sie (die Poren) im Traume vergrößert von sehr nahe. Die sanfte häutige Absenkung, das Kraterchen, aus dem dann die Haarpalme nach oben steigt, das beschäftigt ihn.

England ist ein revolutionsfreies Land. Nie würde von dort etwas kommen, das das Bestehende bedrohte. Das liegt an den zum Bersten mit Speichel gefüllten ledernen Sessel, die überall rumstehen („Clubsessel"). Sie sollen nicht platzen.

DIE AMERIKANER

Die Amerikaner sind gedunsen. Sie werden nährstoffreich gehalten und haben sich deshalb formal erweitert. Ihr Körper ist eingesackt in ein schwemmiges Fluidum kostengünstiger Partikel. Wenn man einen Amerikaner mit dem Finger stupst, dann merkt er dies einige Millisekunden später als alle anderen Menschen auf der Welt.

Die Amerikaner haben der Welt das Licht geschenkt. Auf einer ihrer Reisen entdeckten sie es unter einem flachen Stein. Sie besiegten es und machten es sich untertan. Jetzt gehört es ihnen und sie können damit machen, was sie wollen. Sie entschieden deshalb, daß bei ihnen immer Tag sein möge. Und so gibt es keine Nacht in Amerika. Das Licht, das in anderen Ländern halbtags scheinen darf, ist nur geliehen. Irgendwann wollen die Amerikaner es wieder zurückhaben. Das ist aber ok. Eigentlich ist die ganze Welt Amerika. Vielleicht liegt das an der Sache mit dem Licht.

In Amerika lagert der größte Schwanz der Welt. Er wird unterirdisch aufbewahrt in einer Art Salzstollen. Kein Mensch weiß, ob es dort vielleicht sogar mehrere von diesen größten Schwänzen gibt. Wahrscheinlich ist das so. Der größte Schwanz der Welt ist so groß, daß man ihm mit Worten nicht mehr beikommen kann. Über ihn kann man nur noch schweigen. Es gibt weite Teile in Amerika, wo deshalb einfach nur Stille ist. Reisende berichten so.

Wenn man genauer hinguckt, sieht man, daß der Amerikaner über manche Hautstellen Tesafilmstreifchen geklebt hat. Einfach so.

der neue Mensch auf dem Weg zum klauen

Berufe

SCHAUSPIELER
Schauspieler sind keine Menschen. Sie tun nur so.

MODERATOREN
Durch Moderatoren pfeift der Wind. Luft durchweht sie. Es gibt in China Hochhäuser, bei denen ganze Stockwerke ausgespart wurden. Große Durchbrüche, damit Drachen hindurchfliegen können. Oder manchmal schneidet man auch Löcher in Spruchbänder: alles Erscheinungsformen eines Phänomens: Dort, wo Luft austritt, beschleunigt + erhitzt sie sich. Moderatoren eilen. Das Raffen von Zeit ist ihr Moment. Am Ende eines Vorganges neigen sie zu synkopischer Beschleunigung. Betrachtet man Moderatoren beim Wasserskifahren, wird man sehen, daß sie ohne Ski unterwegs sind. Auf den bloßen Füßen streifen sie über das Wasser. Oder auf der Arschplatte. Das alles trägt sie.
Es ist das Nichts, das sie sich runterhobeln mit dem Käsehobel ihrer Schneidezähne.
So ist nur noch der Speichel hinzuzufügen, mit dem der Moderator seine Vergegenständlichung erfährt in der crispen Sphäre des Materiellen. Auf den Studioboden pfützt der Speichel, und das ist das, was bleibt. (Wir betrachten Vergleichbares, wenn die Blechbläser ihre Tröten leeren).

ÄRZTE

Bisweilen, wenn es ganz schlimm kommt, dann kann die Situation dahingehend entarten, daß Ärzte andere Menschen anfassen müssen. Instinktiv zögern sie diesen Moment soweit als irgend möglich hinaus. Wenn es aber gar nicht anders geht, durchzuckt sie ein kleines Blitzchen. („Ich muß das jetzt anfassen.")
Dann raffen sie sich auf und fassen es an.
Ist es dazu gekommen, dann geht es zackzack. Anfassen, noch ein paar Worte, tschüssikofski, und draußen ist es. Puuh. Besser ist es allerdings, wenn der Arzt nicht an seiner Schamwulst verletzt wird und nichts anfassen muß. Dann fühlt er sich wohler. Hinter seiner Schreibtischumgebung gibt er gerne mündliche Anweisungen zur Verkäsung schadhafter Stellen am Patientenkörper. Er schreibt auf einen Zettel und überreicht ihn dem Leidenden. Der Leidende nimmt ihn, zieht los und holt sich den Käse.

Der Arzt ist ein Geisteswesen. In seinem Hirn heilt er den Leidenden (in des Arztes Hirn). Dort bringt er die Drähte zusammen und es entsteht der Funke der Heilung. Manchmal kokelt es auch und es entsteht Kohle.

FUSSBALLER
Fußballer sind furchtbar. Die altgewordenen Füße alter Fußballer. Man mag nicht daran denken.

THERAPEUTEN
Wenn der Therapeut abends nach Hause kommt und so ganz für sich ist, wenn er ins Bett steigt oder er auf dem Klo sitzt, dann ist es eigentlich ganz still. Was man lediglich hört, ist sein wohlwollend gebrummtes Unterstützungs- bzw. Überbrückungsbrummen („Mmmmh" oder eher „Mmmhhhmmmmhh"), das durch die Wohnung lurcht und mit dem er sich zu seinen täglichen Verrichtungen ermuntert. Man denkt dann als Außenstehender, der Heizlüfter

sei noch an. Das ist aber nicht so. Das Brummen hört auf, wenn der Therapeut sich nicht mehr braucht und er so richtig schön am Bubumachen ist. Morgens, wenn der Therapeut auf der Treppe sitzt und sich die Schuhbändel schnürt, dann fängt es wieder zu brummen an. Tagsüber bebrummt er seine Termine, um dann abends wieder in die kalte Wohnung zu kommen. Was für ein Bärenleben!

Generäle
Wenn sie eine Kaserne betreten, treffen sie keinen mehr an. Die mittleren Soldaten haben die kleineren Soldaten nach Hause geschickt. Aus Angst, die kleineren Soldaten würden einfach so dem General begegnen. Denn dort, wo Generäle auf Menschen stoßen, entlädt sich ganz natürlicherweise der Generäle Zorn. Es züngelt ihnen dann ein Flämmchen aus dem Munde. Wenn also der General durch die einsame Kaserne zieht, hinter ihm ein kleines Gefolge von ein paar angekokelten mittleren Entourage-Soldaten, so sieht er keine Menschenseele und ist zufrieden. Er liebt sein Leben als einsame Stunde.

Minddesigner
An einem Scheitelpunkt seines Lebens beginnt der Minddesigner, sich um sein Karma zu kümmern. Um sich zu dematerialisieren, tauscht er seinen teuren Porsche gegen ein ebenso teures antikes Buddhaköpfchen aus Thailand und fährt jetzt auf dem Köpfchen zu seinen Meetings.

POLITIKER UND STAATENLENKER

Politiker und Staatenlenker werden aus Schuhen gezogen. Aus den Schuhschäften heraus schmiert man sie. Man formt sie aus der Bodenplatte ihres Wesens. Mit geschmeidigen Fingern wird knetend an den Schuhschäften das Material erweicht und der Politiker und Staatenlenker gezogen, bis selbst sein Kopf und seine Haare sich bilden, was dann letztendlich nichts anderes ist als ein Aggregatzustand vom Schuh.

Nie sah man einen Politiker oder Staatenlenker barfuß oder sockig. Deshalb haben sie alle die paradoxe Sehnsucht nach Krallentieren in ihrem Herzen. Nach all den Adlern und Löwen, die sie sich in ihre Parlamente und Staatenlenkerzimmer hängen. Deren Krallen frei sind und unbeschuht – der Traum von der Entschuhung.

Aber welch ein unerreichbarer Traum! Noch dazu so schmerzlich! Verspricht doch der Politiker und Staatenlenker tagein tagaus seinen Fans die Freiheit von irgendetwas, damit sie ihn weiter gut finden. Und er selber muß seine müden Zehen und Sohlen tagein tagaus in ledernen Gärtaschen garen lassen. Allenfalls nachts darf er sie entdampfen. Yeah yeah yeah – anstrengend ist das. Und so hebt sich des Nachts sein sehnsüchtiger Blick in den Himmel und ihm schnuppt durch den Sinn das Sternzeichen, unter dem er geboren wurde. Zart und fußfrei. Sternbild Sandalette, Aszendent Klotsche.

DER KÜNSTLER BEWIRFT UNS

DER
AUTOR
BEWIRFT
UNS

DER
FILMEMACH-
ER
BEWIRFT
UNS

DER
SOZIALMANN
BEWIRFT
UNS

Der Fischhändler bewirft uns mit seinen Fischen

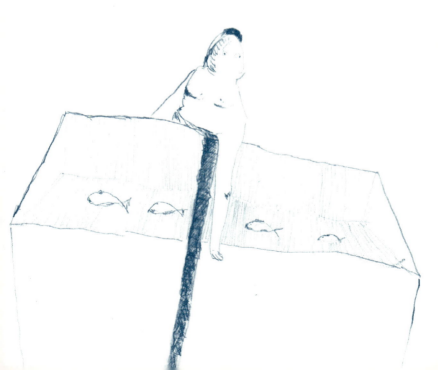

Gegenstände

Hochhackige Schuhe
Kurz bevor die Dinosaurier ausstarben, rannten sie durch die Wälder und schrieen: „Laßt uns jetzt auch noch Pömps unterschnallen, damit wir noch ein Stück größer werden!" Sie schnallten sich Pömps unter. Latschten durch die Matsche und verschwanden. Jetzt erst trifft man sie wieder.

Bälle
Im fallenden Regen auf dem Basketballfeld zwischen den Hochhäusern: der dicke Mongoloide. Den Ball zwischen den Händen auf dem Bauch.

Pürierstäbe
Ich träumte, ich wäre mit einem Pürierstab unterwegs und pürierte die Lampen einer Stadt.

Die Liebe
lebt 2000 Kilometer unter dem Meer. Hin und wieder steigen Blasen auf.

DAS KOSTBARSTE GUT EINES LANDES
Der Schlaf des Präsidenten ist das kostbarste Gut eines Landes. Es kam einmal vor, daß ein Präsident verschlief. Da war das Land reich. Als er aber mal nicht mehr einschlafen konnte, da zogen sie alle in den Krieg.

HELIKOPTER
Ich dachte an allerlei Unzusammenhängendes/nicht Erinnerbares. Ein Konvolut verschiedener Positionen.
Doch dann ging es plötzlich los. Ich war eingestiegen in einen offenen Helikopter. Wir stiegen auf über einem blauen Meer. Ich saß in einem eisernen Gestänge auf einem hölzernen Brett. Alles sehr offen (sehr offen). Unter mir: NICHTS als ein dünnes Brettchen und tausend Meter frische Luft und das Meer. Ich hielt mich im Krampf fest an dem kalten dünnen Gestänge. Die Angst, durchzurutschen durch den großzügigen Raum zwischen Brettchen und Gestänge. Mann Mann Mann - schön war das nicht. Aber: Schön war das Meer und der Blick.

klemmbirne

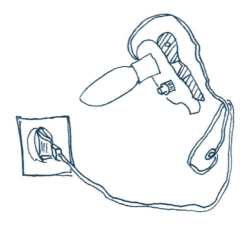

Bettdeckenecke

BUCH BÄUCHE

BÜRSTE

stift

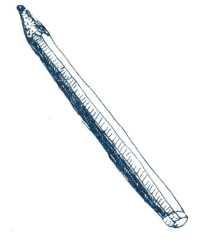

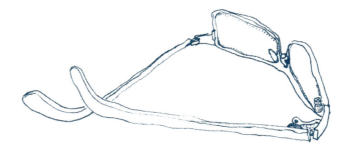

Brille

Lampe

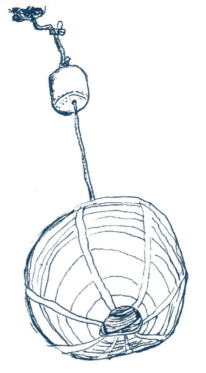

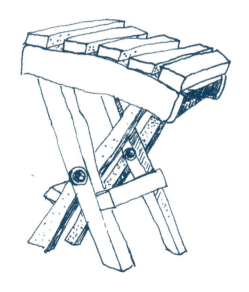

Lieder

Offenes Ende

Du hast du hast du hast keine Wahl
was du hast
was du hast
ist ein offenes Ende
ein offenes Ende

Das ist das was du hast
das ist das das das was du hast

Sonst
sonst nichts

Das absolute Glück

Das absolute Glück
als der allerletzte Mensch
an der Rampe zu stehn
das absolute Glück
als der allerletzte Mensch
die Schritte zu setzen
durch Flure und Zimmer
das absolute Glück
als das allerletzte Männchen
durch die Städte zu gehn
die leer und offen sind
das absolute Glück
als der allerletzte
als der allerletzte

Und wo du bist da kann kein anderer sein
und würd ich wissen wo das ist
dann würd ich wissen wo kein anderer ist
würd ich wissen wo das ist

Das absolute Glück
als der allerletzte Mensch
am Rand zu stehn
wo die Welt eine Scheibe ist
Beine baumeln lassen in die Wärme des Weltalls
und der Letzte legt die Nadel in die Rille und wartet auf die Stille
und jemand geht über den Rand
als der allerletzte

Und würd ich wissen wo kein anderer ist
dann würd ich wissen wo du bist
und würd ich wissen wo kein anderer ist
dann würd ich wissen wo du bist
und würd ich wissen wo kein anderer ist
dann würd ich wissen wo das ist

WETTENTSPANNEN

Wer sich schneller entspannt ist besser als jemand
der sich nicht so schnell entspannt
der aber immer noch besser ist als jemand
der sich überhaupt nicht entspannt
und eigentlich ja schon tot ist
da kann man nix machen

Wer sich schneller entspannt ist besser als jemand
der sich nicht so schnell entspannt der aber immer noch besser ist
als jemand der sich überhaupt nicht entspannt
und verdientermaßen verdientermaßen unentspannt ist
da kann man nix machen
da kann man nix machen
und wer länger lebt wer länger lebt
so siehts aus

Wer länger lebt ist besser als jemand
der nicht so lange lebt der aber immer noch besser ist als jemand
der überhaupt nicht mehr lebt
und eigentlich ja schon tot ist
da kann man nix machen

Wer gut aussieht ist besser als jemand
der nicht so gut aussieht der aber immer noch besser ist als jemand
der überhaupt nicht aussieht
und eigentlich ja schon tot ist
da kann man nix machen

Wer tot ist geht auf die Nerven
wer tot ist geht auf die Nerven
wer tot ist geht auf die Nerven
Wer tot ist
Da kann man nix machen

Wer sich schneller entspannt ist besser als jemand
der sich nicht so schnell entspannt
der aber immer noch besser ist als jemand
der sich überhaupt nicht entspannt
und eigentlich ja schon tot ist
da kann man nix machen

Es bleibt uns der Wind (du bist richtig hier)

Ich oder du oder irgendwer
die Straße entlang
wie ein fallender Stern
hinter mir zischend die Frau die raucht wie eine Lunte
und der Mann mit der Bombe
„Und der Vogel sang
aus dem runden Loch der Nacht"

Und was uns bleibt am Ende eines langen Abends
es bleibt es bleibt es bleibt uns der Wind
der bleibt uns
es bleibt uns der Wind
in den wir uns hängen
am Ende eines langen Abends
oder war es Jahrtausends?

Und dann der Helm der zu Boden fällt
die Bescheidenheit unserer Handlungen
in jedem Augenblick
Und ob es Amerika ist oder die Hölle
Oder was noch zwischen die Welt fällt
der Terror ist der der der der der das Unternehmen leitet

Das was uns bleibt am Ende eines langen Abends
es bleibt es bleibt es bleibt uns der Wind
der bleibt uns
es bleibt uns der Wind
in den wir uns hängen
am Ende eines langen Abends
oder war es Jahrtausends?

Doch wir werden an dieser Stelle so nicht enden
wie ein fallender Stern
denn wer saufen kann kann auch ausschlafen und den Tag in die
Matratze drücken bis ihm das Kissen an der Backe klebt

Und was uns bleibt am Ende eines neuen Morgens
neu neu neu neuer Morgen
ist der Wind
der bleibt uns
es bleibt uns der Wind
in den wir uns hängen
am Ende eines neuen Morgens
oder war es Jahrtausends?
oh jaha du bist richtig hier
am Ende am Ende am Ende am Ende am Ende

GERADER WEG

Wo ich mich eigentlich befinde
ist in der Rinde
dessen, was mich eigentlich umgibt
was am Ende nur wieder heißt
daß da was ist
was sich reimt
weil was Rindenhaftes keimt
was dann lediglich bedeutet
daß es sich beim Hören kurz häutet
und um alles in der Welt
sogleich auch wieder zerfällt
wieder zerfällt wieder zerfällt wieder zerfällt

Gute Nachrichten aus dem Funkloch meiner Einsamkeit
hier traben die Hunde entlang der Pfade durch das Gras
hier bevölkern die Stummen den fallenden Garten
hier fliegen die Tauben unter meinen Händen, daß ich das Weiße
spüren kann
wir mißtrauen den Spiegeln die eine Fratze zeigen
sonst war nix
nein sonst war nix
sonst war nix
sonst war nix

Da leg ich mich nieder und fang mir einen Traum
wach wieder auf
fang an zu trappeln
blick in die Decken
öffne die Türen

denn es gibt es gibt es gibt

Es gibt einen graden Weg
es gibt einen graden Weg
es gibt einen graden Weg
es gibt es gibt

Es gibt einen graden Weg
es gibt einen graden Weg
es gibt einen graden Weg
es gibt es gibt

Draußen draußen draußen vor der Türe
liegen in den Straßen die Fragen
wie die Toten
über die du steigen mußt
wenn du nicht willst daß das deine Straße ist
wenn du nicht willst daß hier deine Klingel bimmelt

Und vor der Türe
stehn in den Gärten
wie Blüten
die Zweifel
die an deinem Hut nicht enden sollen
weil das dein Hut nicht ist
weil das dein Garten nicht ist
und weils deine Zweifel nicht sind

Da leg ich mich nieder und fang mir einen Traum
wach wieder auf
fang an zu trappeln
blick in die Decken
öffne die Türen

seh durch die helle Netzhaut
seh durch die helle Netzhaut

es gibt es gibt es gibt es gibt es gibt es gibt

Es gibt einen graden Weg
es gibt einen graden Weg
es gibt einen graden Weg
es gibt es gibt

Es gibt einen graden Weg
es gibt einen graden Weg
es gibt einen graden Weg
es gibt es gibt

Wo ich mich eigentlich befinde
ist in der Rinde
dessen, was mich eigentlich umgibt

was am Ende nur wieder heißt
daß da was ist
was sich reimt
weil was Rindenhaftes keimt

was dann lediglich bedeutet
daß es sich beim Hören kurz häutet
und um alles in der Welt
sogleich auch wieder zerfällt
wieder zerfällt
wieder zerfällt
wieder zerfällt

baaadaaa dada da   dada   da da
baaadaaa dada da   dada   da da
baaadaaa dada da   dada   da da

Lied vom Ende des Kapitalismus

Hast du schon hast du schon gehört das ist das Ende
das Ende vom Kapitalismus - jetzt isser endlich vorbei

Vorbei
vorbei
vorbei
vorbei
vorbei vor-horbei

Vorbei
vorbei
vor vorbei vorbei
jetzt isser endlich vorbei

Weißt du noch wir fuhren mit dem Sonnenwagen über das
Firmament
und wir pflückten das Zeug aus den Regalen aus den Läden
und wir waren komplett
weißt du noch wir regelten unsre Dinge übers Geld

Vorbei
vorbei
vorbei
vorbei
vorbei vor-horbei

Vorbei
vorbei
vor vorbei vorbei
jetzt isser endlich vorbei

Weißt du noch
wir hamm uns alle beschriftet und zogen immer weniger an
weißt du noch als wir alle zuviel warn weißt du noch
beschriftet und zuviel und unsre Bäuche unsre kapitalistischen
Bäuche

Vorbei
vorbei
vorbei
vorbei
vorbei vor-horbei

der Kapitalismus, der alte Schlawiner
is uns lang genug auf der Tasche gelegen

Vorbei vorhorbei vorbei vorbei
jetzt isser endlich vorbei

Vorbei vorhorbei vorbei vorbei
jetzt isser endlich vorbei

Is auch lang genug gewesen
is auch lang genug gewesen

Hast du schon hast du schon gehört jetzt isser endlich vorbei

Hallo Hallo (dies ist der Tag)

Hallohallohallohallohallo
hallo Sozialkönig Sozialkönig Sozialkönig
dies ist der Tag
dies ist der Tag
an dem es ans Sterben geht

die Zeîten die Zeîten
die Zeîten die Zeîten
die Zeîten die Zeîten
die Zeîten ändern sich

Hallohallohallo
alte Tante Wohlfahrtsstaat
alte Tante Wohlfahrtsstaat
alte Tante
dies ist der Tag
dies ist der Tag
an dem du zur Hölle fährst
dies ist der Tag
dies ist der Tag
an dem du zur Hölle fährst

Hallohallohallo
ihr alten Götter
dies ist der Tag
dies ist der Tag
an dem ihr euch schlafen legt

Hallo Geld hallo heile Welt hallo du altes Gesetz vom Wachsen du
Naturgesetz
dies ist der Tag
dies ist der Tag

an dem es nicht mehr wächst
an dem es nicht mehr wächst
dies ist der Tag
dies ist der Tag
an dems uns wie den andern geht

Hallo Nachkriegszeit
Hallo Nachkriegszeit
Hallo Nachkriegszeit

Dies ist der Tag
dies ist der Tag
an dem du zur Kriegszeit wirst

Hallohallohallohallo
dies ist der Tag
dies ist der Tag

Wir werden siegen

Und du gehst du gehst in den Tag
in deinen Augen die Sonne und die Frage
Was gibts neues?
Was gibts neues vom Weltkrieg
unser kleiner Weltkrieg
Was gibts neues?

Wir werden siegen
wir werden siegen
wir werden siegen
wir werden siegen
wir werden siegen
wir werden siegen

Dann werden wir eben siegen
wir werden siegen
wir werden siegen
wir werden siegen
sisisisiegen
wir werden siegen

Und die Leute in unsern Köpfen riefen: Ihr kriegt uns hier nicht raus
die Leute in unsern Köpfen riefen: wenns nicht anders geht dannnnnnnnnnn

Dann wern wir eben siegen
wir werden siegen
wir werden siegen

Und du gehst du gehst in die Nacht
in deinen Augen der Mond der Mond der Mond
und die Nacht ist leer ist leer ist leer

die Nacht ist leer und der Mond in deinen Augen
und die Leute in unsern Köpfen riefen:
was gibt neues vom Weltkrieg was gibts neues was gibts neues?
unser kleiner Weltkrieg
unser kleiner Weltkrieg

Die Leute in unsern Köpfen riefen: Ihr kriegt uns hier nicht raus
die Leute in unsern Köpfen riefen: wenns nicht anders geht
dannnnnnnnnnn

dann
dann
dann
dahann

dann
dann
dann
dahann

dann
dann
dann
dahann

Dann wern wir eben
siegen
wir werden siegen
wir werden siegen
wir werden siegen
wir werden siegen
wir werden siegen

dann werden wir eben siegen
sisisisiegen
wir werden siegen
wir werden siegen
sisisisiegen
wir werden siegen
mindestens siegen
mindestens siegen

Böser Mann

Ah Ah Ah Ah
Ah Ah Ah Ah
Ah Ah Ah Ah
Ah Ah Ah Ah
Ah Ah Ah Ah

Der böse Mann
der böse Mann
wenn der böse Mann tot is
legen wir uns ins Bett
legen wir uns ins Bett
wenn der böse Mann tot is
und schlafen ein
tot is
der böse Mann
der böse Mann
der böse Mann
soll tot seihein dannn
können wir wieder glücklich sein
können wir wieder glücklich sein
glühühücklich sein

Der böse Mann
steht vor der Stadt
kommt übers Land
der böse Mann
ist unter uns
steht vor der Tür
der böse Mann
soll tot sein soll tot sein
soll tot seihein dannn
können wir wieder glücklich sein
können wir wieder glücklich sein
glühühücklich sein

Wir sind müde
wir wollen schlafen
und der böse Mann kommt immer näher
und erst wenn er tot ist
werden wir wissen wer wir sind
werden wir wissen wer wir sind
wissen wer wir sind wissen wer wir sind

Können wir wieder glücklich sein
Können wir wieder glücklich sein
glühühücklich sein
können wir wieder glücklich sein
können wir wieder glücklich sein
glühühücklich sein

Kopf zwischen Sternen

Welch ein Tag welch ein Tag welch ein Tag
welch ein Tag welch ein Tag welch ein Tag
in der Geschichte der Hitze
möge sie mit Stolz auf die heißen Steppen blicken
die sie uns brennt

Unser Herz unser Herz unser Herz
unser Herz unser Herz unser Herz
ist unruhig
ich legte meinen Kopf
ich legte meinen Kopf zwischen
zwischen die Sterne
und fiel und fiel und fiel in die Nacht

Letztes letztes Leuchtfeuer
was du nicht kannst ist:
mehrere mehrere Leben führen
mehrere mehrere Leben führen
und das schenkt uns die treue Realität
und der Rest der Rest ist Hobby

Unser Herz unser Herz unser Herz
unser Herz unser Herz unser Herz
ist unruhig
und wir trugen die Hosen untergegangener Staaten
ich legte meinen Kopf ich legte meinen Kopf an eine offene Stelle
und fiel und fiel und fiel in die Nacht

Letztes letztes Leuchtfeuer
was du nicht kannst ist:
mehrere mehrere Leben führen
auf mehrere auf mehrere Schiffe gehn
und das schenkt uns die treue Realität
und der Rest der Rest ist Hobby

Daa da da dada Daa da da dada....

DAS IST UNSERE ZEIT

Ich ging an einem Tag durch einen Garten und ich mochte den Himmel
in diesem Garten und der Himmel und der Himmel mochte sich
Tag für Tag laufen die Bänder vorwärts vorwärts vorwärts vorwärts vorwärts vorwärts die Zeit
das ist das Ende und ab jetzt ist es so wie immer - so wie immer vorwärts die Zeit

Das — das das das ist unsre Zeit und die Zeit leuchtet laß sie leuchten
das — das das das ist unsre Zeit und die Zeit leuchtet laß sie leuchten

Das — das ist unsre
Das — das ist unsre
Zeit lass sie leuchten lass sie leu-heu-heu-heu-ch - ten

Tag für Tag laufen die Bänder Tag für Tag Nacht für Nacht fliegen die Funken
und der Flug deiner Blicke ist strahlend und ich werde bleiben und auf dich warten
Nacht für Nacht fliegen die Funken und wir suchen die Spur

Das — das ist unsre Zeit und die Zeit leuchtet
laß sie leuchten
das — das das das ist unsre Zeit
die Zeit leuchtet
laß sie leuchten laß sie leuchten

Du kommst nicht mehr zurück

Und du kommst nicht mehr zurück weiß ich auch schon
wo du immer noch stehst
wo du immer noch stehst
wo du immer noch
immer noch stehst
wo du immer noch immer noch stehst
wo du immer noch stehst
wo du immer noch immer noch stehst

Und du kommst nicht mehr zurück weiß ich auch schon
du kommst nicht mehr zurück weiß ich auch schon
wo du immer noch stehst
wo du immer noch stehst
wo du immer noch immer noch stehst
wo du immer noch stehst
wo du immer noch stehst
wo du immer noch immer noch stehst
ist ein Loch in der Luft
wo du immer noch stehst wo du immer noch immer noch stehst

Und die Bilder die kommen wenn der Tag geht
und die Nacht die Nacht Nacht kommt
und die Punkte die kleiner werden

der
kann
nix

der
fummelt
nur

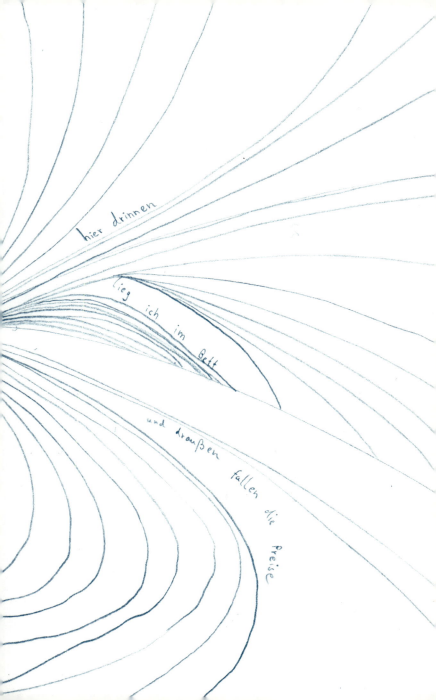

Morgenlied

Der Tag beginnt mit der Entdeckung einer Schönheit:
hinter den Augen Purpurwolken aufgehn sehn
und die Wolken ziehn vorbei mit dem Morgenlicht
über den Hügeln und über den Dächern
der Himmel trennt sich
da wo die Lichter in der Ferne sind
hinter den Augen hinter den Lidern

Schläfer grüß mir die Sonne grüß mir das Morgenlicht grüß mir
die Sterne vom anderen Ende der Welt
Schläfer grüß mir die Straßen
grüß mir Industriegebiete
grüß mir die Wolken die Wolken die aus Purpur sind

Und der Einwohner verläßt das Haus
und geht in den Tag
betritt die Straßen
und reiht sich ein in den Nahverkehr
und auf den Straßen führt der Nahverkehr die Gesellschaft
zusammen Autobahnen und Schienenwege helfen ihm dabei

Schläfer grüß mir die Sonne grüß mir das Morgenlicht grüß mir
die Sterne vom anderen Ende der Welt
Schläfer grüß mir die Straßen
grüß mir Industriegebiete
grüß mir die Wolken die Wolken die aus Purpur sind

Und überall in der Gesellschaft regt sich das Leben
Verwaltung und Betriebe nehmen die Arbeit auf
und in der Arbeitswelt arbeiten Arbeitsgruppen
Hand in Hand
sie kümmern sich um Dinge und organisieren Angelegenheiten
für uns Menschen

Schläfer grüß mir die Sonne grüß mir die Zufahrtsstraßen
grüß mir den Nahverkehr vom anderen Ende der Welt
Schläfer grüß mir die Plätze
grüß mir das Morgenlicht
grüß mir die Wolken, die Wolken, die aus Purpur sind

Zonen

Wir sind befasst mit menschlichen Dingen
weil das naheliegt
wir handeln von denen
die sich befassen
in einer Blase über der Stadt
und von hier oben sieht alles größer aus
je höher je größer je größer je höher
und wer was andres sagt, hat Recht

Die Zonen, die wir bewohnen, die sich ausweiten
(Zonen, die wir bewohnen, die sich ausweiten)
und irgendwas aus Leuchtstoff geht auf die Reise
über Dächer und Gräser
und von hier oben sieht alles größer aus
je höher je größer je größer je höher
und alles ist so, wie es ist
und jeder, der was andres sagt, hat Recht

Heiterkeit

Ich liebe die Haßtiraden
meines Schusters
wenn ich ihm was
zum Reparieren bring
ich liebe es
wenn Pizzabäcker mich beleidigen
ich liebe es wenn man mich grillt
ich liebe die Gesänge von Beamten
ich liebe diesen Sing Sang

Ich liebe es
im Jammertal umherzuirren
ich schätze es
im Scheißeregen zu stehn
ich liebe es
wenn Motten meine Kleider mögen
ich liebe es wenn man mir sagt
daß was nicht geht
ich liebe Gespräche über Selbstmord
ich liebe liebe diesen Sing Sang

Nur: charmant muß es sein
und subtil muß es sein
und an Witz darf es nicht fehlen
und sexy soll es sein
und Esprit soll es haben
und Heiterkeit

Ich schätze auch
die großen Katastrophen
ich liebe soziale Unterschiede
ich liebe es wenn alle immer motzen
ich liebe liebe diesen Sing Sang

Nur: charmant muß es sein
und ...

Elektroreise

Laß uns hinfahrn
wo die anderen schon sind
und laß uns hinfahrn wos schön is
da wo die Magnolien blühn
und laß uns hinfahrn wos schön is
laß uns ein Transportmittel nehmen
und laß uns hinfahrn fahrn fahrn
wos schön is

Du bist der letzte
du bist der letzte
der hier noch lustig ist
laß uns ein Transportmittel nehmen
und laß uns hinfahrn fahrn fahrn
wos schön is
laß uns über die Berge fahren
laß uns
und irgendwann irgendwann
wiedersehn wiedersehn
im Elektroland
dem Wunder der biochemischen
Forschung
um mit den Engeln
dem Wunder der biochemischen
Forschung zuzuschaun

Frauen mit Meerblick

lalalala
Frauen mit Meerblick
Meerfrauen mit Meerblick
Wir alle wollen mehr
lalalala

Mutter aller Parties

Ich war auf einer wunderbaren Party
und die die da waren
waren wunderbar
ich legte mich rein
in die die da waren
legte ich mich rein
wie in Badewannen
und leckte ihr Lächeln
wie den Tau von den Blättern

Und wir flogen umher
als Schmetterlinge
und steckten die Rüssel
in wunderbare stumme Gefäße
und rührten in ihnen
bis sich Glück einstellte
versonnen und selig

Und wir liefen über Nahrungsmittel
wir hielten inne
auf Puddinghäuten stehend
und drückten die Häute nicht ein!
Weil wir leicht waren
weil unsere Leichtigkeit uns leicht machte

Und ich hörte ein Klirren
ein Würfel aus Eis
stürzte in ein Gläschen
mit süßem Zülles drin
und ich rühre um
mit einem Puppenbein
(das war ein sanfter Scherz
der uns gütig dreinblicken ließ)
Wir Schmetterlinge!

Wir entspannten aufgespannten
Schmetterlinge!
Ich brauchte 1000 lange Jahre
um meinen Kopf zu wenden
dem Potpourri zuzuschauen
Blütenmeer - lächelndes Blütenmeer
Kelche mit Politik drin -
wir nippten dran
Igitt! Bäh geh mir weg damit
will lieber was von dem süßen Zeug
aus dem Topf mit der Marmelade
an dem draußen die Albaner hängen
wir nippten dran mmmh -
mjam mjam mjam
schon besser schon besser

Jemand pinkelt in ein Lächeln
und verschwindet im Schaum
mit einem Lächeln
das sich zum Lachen verzieht
(verzeih mir)
hier unten im Schaum liegt jemand
hat nur Schaum im Kopf
könnte zum Beispiel ich sein

Ich als Karneval in Rio
ich war auf einer wunderbaren Party
mit Gorillas
und transsexuellen Elefanten
mit amputierten Sportmoderatoren
zugenähten Sexbomben
lispelnden Juristen
und der geföhnte Hausnazi
saß mir aufm Schoß
und ich rühre um
mit einem Puppenbein

Unter der Pasta ja ja
da liegt der Strand
komm reis auch du
über die Berge ins Mutterland
zur Mutter
zur Mutter aller Parties
babadadada ...

Ihr lieben 68er

Ihr lieben Achtundsechziger
danke für alles – ihr dürft jetzt gehn
Ihr lieben Achtundsechziger
jedes Böhnchen marschiert
durch ein Institutiönchen
danke für alles – ihr dürft jetzt gehn
aber bitte ruft uns nicht an

Und macht Euch noch
eine schöne Zeit
und erzählt Euch untereinander
wie das alles so war
Ihr könnt auch einen Dia-Abend
machen
einen Dia-Abend von der Revolution
und da sitzt ihr dann alle
und erzählt euch untereinander
wie das alles so war
bildet Netzwerke für Eure Dia-Abende!
Aber bitte ruft uns nicht an

Ihr könnt euch auch eure Poesie-Alben zeigen
aus den tollen Tagen
oder Eure alten Hosen
ihr könnt machen was
Ihr wollt ihr habt Euch ja befreit
ja ihr habt Euch befreit
aber bitte ruft uns nicht an
wir rufen an vielleicht rufen wir an
vielleicht ...

Wir sind jung und wir machen uns Sorgen über unsere Chancen auf dem Arbeitsmarkt

Wir sind jung und wir machen uns Sorgen über unsere Chancen
auf dem Arbeitsmarkt und unser berufliches Fortkommen
wir sind jung und wir machen uns Sorgen denn später wolln wir
uns ja auch einmal etwas leisten können
momentan da gehts ja noch weil unsere Ansprüche noch niedrig
sind aber später wolln wir uns ja auch mal was gönnen können
denn wir wissen wenn man sich erst einmal an einen
Lebensstandard gewöhnt hat dann ist es schwierig
später wieder mit weniger auszukommen

Chor:
Wir machen uns eben Sorgen über unsere Chancen auf dem
Arbeitsmarkt.

Und wenn jemand kommt und unsere Situation verschlechtert
dann finden wir das nicht gut und machen uns dann wieder
Sorgen über unsere Chancen auf dem Arbeitsmarkt
das ist alles so ungerecht denn wir haben immer unsere Hausauf-
gaben gemacht und alle Voraussetzungen erfüllt
uns sogar spezialisiert
das finden wir nicht gut
denn es ist wichtig sich auch mal was leisten zu können
damit der Alltag der grau ist dadurch ein bißchen
abwechslungsreicher gestaltet werden kann
damit wir auch mal die Seele baumeln lassen können
wenn das gefährdet ist
dann finden wir das nicht gut und sind enttäuscht

Chor:
Wir machen uns eben Sorgen über unsere Chancen auf dem
Arbeitsmarkt. (wiederholen)

ICH WAR MAL COWBOY

Ich war mal Cowboy
jetzt bin ich Buddhist
ich war mal Cowboy
morgen werd ich vielleicht
Beamter oder Rocker sein
morgen werd ich vielleicht

ich war mal Cowboy
jetzt bin ich Buddhist
ich war mal Cowboy
ich bin Fresser Verbrenner
Raffer und Läufer
Sitzer Schweiger Sprecher
Stubenhocker Einschmierer
Eincremer und Cowboy -
ich war mal Cowboy
jetzt bin ich Buddhist
ich war mal Cowboy
in der zartesten Versuchung
seit es Gesellschaft gibt

ich war mal Cowboy
und jetzt bin ich Buddhist -
ich war mal Cowboy
Opa kam aus der Steinzeit
und hat alles kaputtgemacht
und Papa alles wieder heile
und jetzt wo alles wieder heile ist
hier in der zartesten Versuchung
seit es Gesellschaft gibt
war ich mal Cowboy
und jetzt bin ich Buddhist -
ich war mal Cowboy

Sonnendeck

Wenn ich nicht hier bin
bin ich aufm Sonnendeck
bin ich bin ich bin ich bin ich
und wenn ich nicht hier bin
bin ich aufm Sonnendeck
oder im Aquarium
bin ich bin ich
und alles was ist
dauert drei Sekunden:
eine Sekunde für vorher
eine für nachher
und eine für mittendrin
für da wo der Gletscher kalbt
wo die Sekunden
ins blaue Meer fliegen

und wenn ich nicht hier bin
bin ich aufm Sonnendeck
bin ich bin ich bin ich bin ich

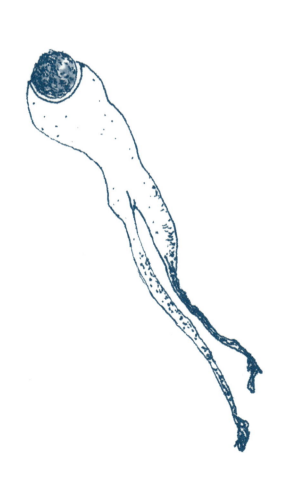

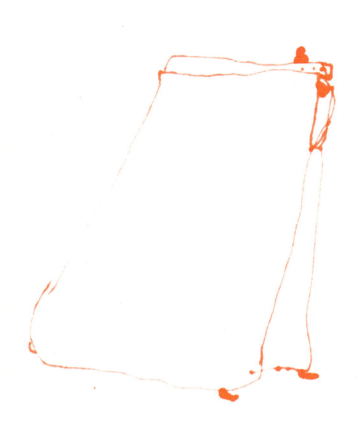

VON DEM MANN, DER EINE Sooo GROßE HOSE HATTE
DAß MAN NIE WUSSTE, OB ER SCHON LOSGE
GANGEN WAR, ODER OB ER NOCH STAND

Das ewige Wiegenlied: Der Tefau/der Glotz

Vor dem Schlafengehn noch etwas Holocaust

Ich war Teilnehmer in einer Fernsehshow. Es ging nur um eins: die Kandidaten mußten sich in der Show einen Staubsaugerschlauch in die Poöffnung stecken lassen, bis daß er dann vorne wieder aus dem Mund herauskäme. Vor mir war eine Kandidatin an der Reihe, die die Prozedur schon fast hinter sich hatte. Mit flügelschlagenden Armen redete der Moderator freundlich auf
sie ein. Nun kam es für mich an die Reihe. Man steckte mir den spiralhaften Staubsaugerschlauch in die Poöffnung.
Da unterbrach ich das Prozedere und erklärte, nicht mehr an der Fernsehshow teilnehmen zu wollen. Ich bestand darauf, daß man mir den spiralhaften Staubsaugerschlauch gemäß der Spiralrichtung vorsichtig hinausdrehe und nicht einfach !ratsch hinauszöge.

Ich hatte zwei Probleme. Ich war in einem Tennisverein und
ich hatte eine Nudel aus der Speiseröhre hängen, die sich nicht schlucken ließ. Also beugte ich mich vornüber und zog die Nudel aus meinem Inneren heraus. Sie glitt mir durch die Speiseröhre und entrollte sich dem Magen. Stück für Stück zog ich sie hervor mit meinen Fäusten. Bis vor mir ein ansehnlicher Nudelknäuel auf dem Boden lag. Das Problem mit dem Tennisverein löste ich nicht.

Diese Nacht bekam ich Besuch von einer Toten. Sie kam in meinen Traum gelaufen.

Ein Tag im Leben (oder so)

Das Traumbild, das ich beim Erwachen in mir trug. Es ließ mich seltsam unberührt. Obwohl es von Menschen handelte, die im Traume eng mit mir verbunden waren. Nahm alles eher mißmutig hin. Wie mit 16 die Sonntage.
Stellte dann mit Erleichterung fest: ich war im falschen Traume unterwegs. Dieser hier war nicht meiner. Alles anders hier. (Die handelnden Personen; der Lauf der Empfindung). Ich war im falschen Traume unterwegs. Wem dieser wohl gehört haben mag?
Wer seinen Traum wiedererkennt, mag sich melden. Er kann ihn zurückhaben.

———

Nach dem Aufstehn der Blick auf den Platz. Die Stadt wölbt sich mir entgegen als konvexes Gewächs.

———

Im frühen Morgen. Wie eine abgeschaltete Schafherde: die hellblauen Baumaschinen (Planiermaschinen). Sie erwarten ihre Leute. „Bald muß es losgehn."

———

Oberhand bekommen über den Tag

———

Das erste Wort heute. Es klemmt; kommt dann aber doch.

———

Es queren den Platz zwei Politessen im sommerlichen Kleide. Sie stecken scherzend die Köpfe zusammen. Dann werden sie stille und gehen jede ihres Weges.

Motto für Eishockey: Auf dem Eis ist unter dem Eis

———

Die richtige Länge des T-Shirts: gerade mal die Stelle bedecken, an der der Penis aus der Bauchhöhle tritt.

———

Im Dunkel des Kühlschranks versauert die Milch. Gut zu wissen um eine Konstante im Leben.

———

Der Kampf der Schwestern um deren Stand. Die Wege werden sich gabeln.

———

Ganz unvermittelt wird die Schwester gelobt. Die Ungelobte erstarrt.

———

Unerbittlich jedes falsch Gesagte mit einer Gegenrede blenden. Es soll sich in
Luft auflösen.

———

Nach langem Reden mit dem Freund zurück durch den nächtlichen Park. Meine Lampe zieht eine leuchtende Schneise. Aus dem schwarzen Gras im Flug die Kaninchen. Hinter mir schlägt die Dunkelheit über den Weg. Die Kaninchen setzen auf. So ungehört wie dunkel.

———

Letztes Leuchtfeuer vor dem Schlaf: was du nicht kannst, ist mehrere Leben führen.

———

Die zwei Architekten, mit denen ich in der Betonkonstruktion stand, waren sich uneinig. Sie hatten eine sehr umfangreiche städtebauliche Idee realisiert und bekamen nun Zweifel, ob die Stadt dadurch nicht sehr verletzlich geworden wäre. Es stand im Raume, daß eine einzige Bombe die Stadt hätte untergehen lassen können. Denn die Stadt (es handelte sich um London) war verlagert worden. Sie befand sich nun direkt am Meer, mitten in einer Steilküste im Norden von England. Die beiden Architekten, die im Dreieck um mich herumstanden, hatten aus Beton eine Art Gerüst gebaut (in etwa in der Form eines Sprungturmes in einem Schwimmbad, viel größer natürlich) und obendrauf eine große (sehr große) Platte gesetzt, auf der sich nun London befand. Nun standen wir da - unterhalb der Stadt, in den Treppenaufgängen der Konstruktion. Unter uns die abfallende Steilküste und das Meer. Über uns die große Platte, auf der London war. Und wir diskutierten, ob die Terroristen hier in den Sprungturm nicht eine Sprengladung stecken könnten, die dann die ganze Stadt vom Sockel risse. Es wurde erwogen, die Stadt wieder zurückzubauen (doch was für eine Mühe!) Und/Oder ob es die Terroristen tatsächlich wollten und dann auch fertigbrächten. Die Frage war nicht zu klären, und so verzettelten wir uns.

Beschmiert die Überdrüssigen!

Beschmiert die Überddrüssigen!
Beschmiert die beleidigten Gesichter schöner Menschen, wie sie über die Straßen ziehen oder auf Rädern sîtzen!
Heftet gallertartige Massen an Menschen, die Klage führen über Zustände ohne Belang, es sei denn sie erhöben *diese* Klage nur einmal und dann nie wieder, und es sei denn die Klage beträfe Zustände von einem gewissen Grade, wie zum Beispiel große Explosionen oder das Eintreffen erheblicher Sintfluten.
Nur dann beschmiert sie nicht!
Und tötet keine Handwerker!
Vergrabt keine Bauarbeîter!
Und laßt die Fahrlehrer leben! (Obwohl sie es ja verdient hätten.)
Laßt sie leben!

Es sei denn, sie hätten beleidigte Gesichter, die sie über die Straßen schöben, und es sei denn, sie führten Klage über Zustände ohne Belang! Dann laßt sie stehen in der ewigen Nacht des Polars unserer Tage.

London
die Platte
die Konstruktion (in der wir standen)
die Stilküste
das Meer

Ich war auf der Suche nach einem Raum. Er sollte so sein wie ich, andernfalls hätte ich nicht drin schwimmen können. Ich gab ein Inserat auf, in dem ich schrieb, ich suche einen Raum usw. usw. die Einzelheiten.
Es kamen einige Angebote, denen ich nachging. Ich verfolgte die Spuren bis an den Anfang. Ich ging hin, stand wie ein Leuchtturm im Raum in der Mitte und leuchtete im Kreis. Die Räume waren alle sehr unterschiedlich. Sie kamen vom Hölzchen aufs Stöckchen und ich konnte mich nicht entscheiden. Ich dachte mich in alle hinein und konnte in dieser Zeit nichts anderes mehr denken. Überall waren Räume, die so sein sollten wie ich. Ich konnte eigentlich nichts anderes mehr tun, obwohl es nach außen hin anders erschien. Ich handelte nicht mehr, ich leuchtete im Kreis. Das waren magere Jahre und ich verschwand wie das Summen im Kopf.

Ich kam mir mit einem Male so groß vor. Der Tisch, auf den ich seitlich hinabblickte, war mit einem Male so klein. Ich schraubte mich höher und höher in körperlicher Verdrehung. Spürte an der Haarwurzel die Dachschräge und kam zum Stehen.
Welch ein Tag in der Geschichte der Hitze! Möge sie mit Stolz auf die weiten Steppen blicken, die sie mir ins Herzen brannte. Weite große Flächen. Darüber kreisend eine Zeppelinlunge aus nichts als Ozon.

Am Fluß. Die Frau über die Steine hinab zum Ufer. Sie läßt sich nieder und schickt den Hund ins Wasser. Er drängt hinein in die etlichen Schichten des Flusses. Auf dem einen Wasser kreiselt sich ein weiteres, über das wiederum ein drittes fließt. Wasser über Wasser. Nur gedacht die unterste Schicht: der driftende kühle Untergrund. Der Hund überlebt.

Viel hilft

Verschwendung hilft.
Alkohol hilft.
Viel reden hilft.
Taxi hilft.
Geld hilft.
Frische Luft hilft. Schlafen hilft. Träumen hilft. Liegenbleiben hilft. Bettdecken helfen. Aufstehen hilft. Anziehen hilft. Socken helfen. Türklinken helfen. Flure helfen. Klos helfen. Sitzen hilft. Wasser hilft. Waschen hilft. Oberkörper hilft. Freimachen hilft. Anfangen hilft. Unterkörper hilft. Duschen hilft. Peeling hilft. Betriebsanleitung hilft.
Backbuch hilft.
Ballaststoffe helfen.
Balladen helfen.
Butterbrote helfen.
Löffel helfen.
Zündschlüssel hilft.
Trinken hilft.
Heiße Getränke helfen.
Schlürfen hilft.
Nachdenken hilft.
Vorausschauen hilft.
Zähneputzen hilft.
Planen hilft.
Tag einteilen hilft.
Kontonummer hilft.
ADAC hilft.
Nach Hause hilft.
Sojasoße hilft.
Fahrradpumpe hilft.
Tanken hilft.
Dicke Socken helfen.
Wagenheber hilft.

Der Schuhlöffel, der Mixer, der Dienstleister, die Trittleiter, der Überspannschutz, die Versicherung und der Rührstab helfen. Polizeirufen hilft. Die Dunstabzugshaube hilft. Der Spritzschutz hilft. Der Hausmeister hilft. Emser Salz hilft. Promo hilft. Leinsamen hilft. Hallounddennamensagen hilft. Kampagne hilft. Weichkochen hilft. Jugendherbergsschlafsack hilft. Kugelsichere Weste hilft. Senf hilft. Schneuzen hilft. Humpeln hilft. Harken hilft. Haarewaschen hilft. Kühlkissen hilft. Wärmedecke hilft. Autobahn hilft. Die Landkarte hilft. Der Fachmann hilft. Der Vertreter hilft. Der Vorgesetzte hilft. Tempo hilft. Der Ansprechpartner hilft. Die Servicenummer hilft. Der Berater hilft. Schuhservice hilft. Schlüsseldienst hilft. Glaube Wille Disziplin Einsicht Kraft Stärke Wut Euphorie Maßlosigkeit Sucht Trümmerbruch Schlagring Faustkeil E-Gitarre Verstärkeranlage Boxenturm Tombola Altennachmittag CDU-Kleiderstube Handcreme Türzu Trockenobst hilft. Bremsbelag hilft. Aufhören hilft. Das Vertrauen hilft. Das Training hilft. Die Ausrüstung hilft. Die Unwissenheit hilft. Die Liebe hilft. Viel hilft. Bunte Punkte helfen.

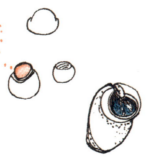

Die Jahre vergingen in der Ungeduld des *einen* Tages, der sich immer wiederholte. Mal flammte eine Variation auf an den Rändern. Wir zogen weiter und konnten uns nicht halten; wollten es nicht, weil sichs nicht ergab.
Es wär wohl ewig so gegangen. Doch natürlich war das die Wahrheit nicht: Nicht der *eine* Tag kam und ging, sondern deren viele
– Tausende. Sie gingen vorüber und wir lagen dazwischen in der Ungeduld unserer Träume. In der Ungeduld unserer lichten Blicke. *(Wenn wir den Lauf der Dinge sahen, dann von hinten.)*

Wo sollen wir uns treffen? Nicht auf dem Weihnachtsmarkt wegen all der Bomben

---

Du hast keine Wahl, was du hast, ist ein offenes Ende

Und das ist erst der Anfang

Ende

Epilog

Wie gehts?

Ahh hi, wie gehts?

Jooah so ganz gut bisschen viel alles grad.

Was machste?

Ja so ich bin so am Strukturieren, mal schaun, wüßte mal wieder gern genau, wo ich so steh, is viel alles so. Müßte mal wieder durchstoßen. aber eigenlich is alles in Ordnung eigentlich weiß ich das ja auch also wo ich so bin. Ja ich hab da ja so meine verschiedenen Projekte. Was ich mir heut noch dachte, ich glaub es is wichtig mitzugehn.

Chor/Schrifttafel
beipflichten
supersagen
okayfinden

… nich mit der negativen Energie gehen. Irgendwo Quelle finden. Jaa es is immer so viel Angst dabei, was so treibt. Aber eigentlich. Wo is das Problem, frag ich mich oft. Eigentlich haben wir keins. Aber es könnte klarer sein. Irgendwie. Und du?

Ja so ganz gut so gut. Komm grad von dieser Veranstaltung in diesem Riesen Abrißgebäude, das steht jetzt leer da war früher mal diese Steinkohlehauptverwaltung oder Direktion oder so drin. Is ganz lustig. Aber so die Sachen, die ich gesehen hab, so ganz der Hammer is das nich. Geht mir so, momentan reißt mich gar nix so ganz vom Hocker. Ich find das alles so, ähh, ich weiß nich. Lieber dann die alten Sachen, denk ich mir öfter. Das is alles so egal, denk ich manchmal.

Chor/Schrifttafel
Die alten Werte werden die neuen sein

Ja stimmt. Alles so klein. So bröselig, das kennt man alles. Das ist alles nich so ... irgendwie, das könnt ich ja selber sein.

Chor/Schrifttafel
Ich war so müde und also träumte ich vom Schlaf

Das is so egal find ich. Das is so: die Gestörten hängen sich da aus dem Fenster mit ihren traurigen Augen. Brrrr. Und dann guckt das irgendwer an und könnt es aber auch sein lassen.

Chor/Schrifttafel
Wir waren so müde und also träumten wir vom Schlaf

Ich hab so festgestellt: ich bin immer am Machen. Arbeit oder Liebe oder meine eigenen Pläne noch und so. Eigentlich immer beschäftigt. Ganz schön viel. Ich muß da so vorneweg gehen, denk ich mir. Das ist so ein breiter Strom. Und das kommt so daher und ich komm so daher und das hört nich auf, denk ich mir, das ist, glaub ich, das was man sehen muß. Das hört nich auf. Das is erst der Anfang. Das muß man so umarmen. Aber irgendwie. Ich würd gern mal genauer wissen. Irgendwie, ich bräuchte einen Praktikanten. Am besten. Und eine Gegensprechanlage. So. „Hallo hallo, bitte ein Tässchen Schokolade, Frau Müller. Und den Mantel für den Herrn Meier, der möchte nämlich jetzt gehn", das wärs. Hihi.

Chor/Schrifttafel
beipflichten
supersagen
okayfinden

Ich bräuchte einen Sekretär, der mir alles abnimmt. So Steuern und Anmelden und Versicherung. Ich brauch keine Schlafmittel, ich muss nur das Wort hören „Riesterrente", da bin ich auch schon im Tiefschlaf. Ich hör schon gar nicht mehr „ente", bei „ iesterr" bin ich schon weg. Also. Ich denk eigentlich immer: eigentlich bräuchte ich einen Angestellten. Sonst. Wie soll das sonst gehn. Ich müsste mal aufräumen das alles. Aber ich hör jetzt auf, weil wenn ichs schon alles sage, wird mir fade. Also beim Sprechen schon wirds fade, das verendet so im Mundraum und verwest dann dort. (Eigentlich beim Denken schon im Kopfraum.) Ich möchte das alles gar nicht im Mund haben. Diese ganzen Wörter. Wie ein toter Frosch im geschlossenen Mund. Noch nichmal ignorieren.

Chor/Schrifttafel
Humor is wenn man trotzdem nicht lacht
(obwohls vielleicht tatsächlich lustig war)

Noch nicht einmal nicht lachen. Wenn ich das so seh. Das einzige, was ich im Fernsehen mag, ist, wenn Sendungen abgesetzt werden. Für mich ist Fernsehen so: man kann es abwischen, wenn einem die Suppe gegen den Bildschirm fliegt, das ist schon gut am Fernsehen. Oder wenn man dagegen gemacht hat. So Körpereigenes.

Ja, ok es gibt aber auch Sendungen, die ok sind.

Also ich find eigentlich nur Fußball. Eigentlich geht nur Fußball im Fernsehn.

Ja, ok es gibt aber auch Sendungen, die ok sind.

Also ich find eigentlich nur Fußball. Eigentlich geht nur Fußball im Fernsehn.

Ja, ok es gibt aber auch Sendungen, die ok sind.

Also ich find eigentlich nur Fußball. Eigentlich geht nur Fußball im Fernsehn.

Ja ok es gibt aber auch Sendungen, die ok sind.

Also ich find eigentlich nur Fußball. Eigentlich geht nur Fußball im Fernsehn.

Also, wenn ich morgens keinen Kaffee kriege, dann bin ich zu nix zu gebrauchen, so, dann lauf ich rum wie, ich weiß auch nich. Dann bin ich zu nix zu gebrauchen. Also so. Ich brauch echt einen Kaffee morgens. So ein Tässchen. Das brauch ich morgens. Dann fängt der Tag an. Dann steh ich auf und dann gehts. Aber wenn nicht. Jeh Jeh. Brrr. Also, wenn ich morgens keinen Kaffee kriege, dann bin ich zu nix zu gebrauchen, so, dann lauf ich rum wie, ich weiß auch nich. Dann bin ich zu nix zu gebrauchen. Also so. Ich brauch echt einen Kaffee morgens. So ein Tässchen. Das brauch ich morgens. Dann fängt der Tag an. Dann steh ich auf und dann geht's. Aber wenn nicht. Jeh Jeh. Brr. Also, wenn ich morgens keinen Kaffee kriege, dann bin ich zu nix zu gebrauchen, so, dann lauf ich rum wie, ich weiß auch nich. Dann bin ich zu nix zu gebrauchen. Also so. Ich brauch echt einen Kaffee morgens. So ein Tässchen. Das brauch ich morgens. Dann fängt der Tag an. Dann steh ich auf und dann gehts. Aber wenn nicht. Jeh Jeh. Brr.

Chor/Schrifttafel
Also, wenn ich morgens keinen Kaffee kriege, dann bin ich zu nix zu gebrauchen, so, dann lauf ich rum wie, ich weiß auch nich. Dann bin ich zu nix zu gebrauchen. Also so. Ich brauch echt einen Kaffee morgens. So ein Tässschen. Das brauch ich morgens. Dann fängt der Tag an. Dann steh ich auf und dann gehts. Aber wenn nicht. Jeh Jeh. Brr. Also, wenn ich ...

Von Haundemm da kann man nix mehr kaufen. Da geh ich nich mehr rein. Das geht nich. Das macht keinen Sinn. Lieber weniger Sachen und dafür halten die dann und sind nicht nach dem ersten Waschen aus der Form. Ich geh nie mehr zu Haundemm. Is zwar billig, aber ich geh nie mehr zu Haundemm.

Inzwischen ist eine große Leinwand installiert worden, auf der ein Video zu sehen ist, auf dem eine Frau vor einem Wald steht und sich eine Gitarre umgeschnallt hat. Sie singt und spielt. Ein junger Mitarbeiter beginnt, dieses Video auf der Leinwand zu justieren. Er bedient den Videobeamer und ruft die verschiedenen Menüpunkte auf (Helligkeit, Kontraste, rechter Rand, linker Rand etc.). Er klickt sie an, verändert die Werte und klickt sie wieder weg. Wieder und wieder. Die Schrift und die Parameter überlagern das Bild von der Frau im Wald. Das Justieren und Menüpunkteaufrufen will nicht enden. Immer ist etwas noch nicht ganz perfekt. Es handelt sich um die Pedanterie-Performance eines amerikanischen Pedanterie-Künstlers. Das Feedback der Menge ist überwältigend. Die Menschen antworten geschlossen mit einer kollektiven Ignoranz-Performance. Niemand nimmt Notiz von dem Vorgang.

Die Menschen gehen in verschiedene körperliche Positionen. Viele betasten ihre Waden mit leichten Fingern oder hantieren an Knöchel oder Knie. (Manche aber auch ganz woanders.) Die Menschen suchen ihre Rente. Sie versuchen zu ergründen, wo ihre Rente zu finden ist. Die Aktion geht von der Überlegung aus, daß jeder gesellschaftliche und persönliche Vorgang (wir betrachten die Rente in diesem Zusammenhang als persönlichen/gesellschaftlichen Vorgang) sich irgendwo im Körper des einzelnen Menschen wiederfindet. Die Menschen haben einen Ängstlichkeitsblick und ein normales durchschnittliches mitteleuropäisches Sicherheitsbedürfnis.

anbei → 1x künstl

METALL KOPF NADELN
4x

GLAS KOPF NADEL
2x

kartoffel
1x

SCHRITT 1:

SACHLAGE aufnehmen
Gedanken ordnen

Anfang Der vorgegebenen situation

Entwicklungs~~strang~~ sstrang

erbauSATZ   "PeterLicht"

SCHritt 2:
NADeln
~~kartoffeln~~
reinpieken

SCHritt 3:
KÜNStLEr
ist
fertig

→ Ende der ENTWICKLUNG